CURSO BÁSICO DE GRAMÁTICA DE CONSTRUÇÕES

Consulte nosso catálogo completo e últimos lançamentos em **www.editoracontexto.com.br**.

Diogo Pinheiro

CURSO BÁSICO DE GRAMÁTICA DE CONSTRUÇÕES

editora**contexto**

Foto de capa
Scott Webb em Unsplash

Montagem de capa e diagramação
Gustavo S. Vilas Boas

Preparação de textos
Hires Héglan

Revisão
Daniela Marini Iwamoto

Dados Internacionais de Catalogação na Publicação (CIP)

Pinheiro, Diogo
Curso básico de Gramática de Construções / Diogo Pinheiro.
– São Paulo : Contexto, 2025.
208 p. : il.

Bibliografia
ISBN 978-65-5541-604-6

1. Gramática 2. Linguística I. Título

25-2462   CDD 415

Angélica Ilacqua – Bibliotecária – CRB-8/7057

Índice para catálogo sistemático:
1. Gramática

2025

Editora Contexto
Diretor editorial: *Jaime Pinsky*

Rua Dr. José Elias, 520 – Alto da Lapa
05083-030 – São Paulo – SP
PABX: (11) 3832 5838
contato@editoracontexto.com.br
www.editoracontexto.com.br

Sumário

Apresentação

A Gramática de Construções (GC) é um modelo gramatical que surgiu nos anos 1980, nos Estados Unidos, e desde então tem se expandido significativamente no Brasil e no mundo. Curiosamente, porém, apesar da sua grande popularidade, a GC conta com pouquíssimos manuais didáticos em língua inglesa – e nenhum em português.

Este livro chega, portanto, para cobrir essa lacuna: seu objetivo é oferecer um curso introdutório completo de Gramática de Construções para estudantes e profissionais de diversas áreas em que a linguagem humana ocupa um lugar central. Isso inclui, naturalmente, linguistas e estudantes de Letras, mas não só: ele pode interessar ainda a psicólogos e neurocientistas (que se preocupam com o funcionamento da linguagem na mente e no cérebro), a cientistas da computação (que desenvolvem tecnologias como tradutores automáticos e *chatbots*), a educadores (que produzem materiais didáticos e buscam aperfeiçoar estratégias de ensino de línguas) e a fonoaudiólogos (que lidam com distúrbios de linguagem).

Para que possa ser lido sem sobressaltos por um público tão heterogêneo, este livro recorre a algumas estratégias didáticas. Em primeiro lugar, ele adota uma linguagem simples e dialogada: a ideia é que o texto pegue o leitor pela mão e o conduza passo a passo na construção do raciocínio. Além disso, o livro conta com uma fartura de ilustrações – que ajudam a concretizar as ideias mais abstratas –, oferece uma síntese do conteúdo ao final de cada capítulo e inclui ainda um glossário de termos técnicos. Para assegurar a fluência do texto, as referências bibliográficas foram reduzidas ao mínimo – e, em larga medida, confinadas às notas de rodapé.

Tomada em si mesma, a Gramática de Construções não é nem um modelo formalista, nem um modelo funcionalista – na verdade, ela é agnóstica em relação ao debate formalismo × funcionalismo, tão presente na história da ciência linguística. Apesar disso, ela conta hoje com uma variante bastante popular – conhecida como Gramática de Construções Baseada no Uso (GCBU) –, que consiste em uma espécie de implementação funcionalista do modelo original.

Diante desse cenário, eu optei por organizar este livro em duas partes. A Parte I apresenta as bases da GC "pura" – isto é, o que eu chamei acima de GC "agnóstica" em relação ao debate formalismo × funcionalismo. A Parte II, por sua vez, ocupa-se especificamente da GCBU – a versão funcionalista do modelo. Para além dessas duas partes que compõem o corpo principal da obra, há ainda um capítulo inicial que funciona como um prólogo: ele tem a função de situar a Gramática de Construções no cenário da Linguística contemporânea – e, com isso, preparar o terreno para o que virá a seguir.

Caso você leia este livro do início ao fim, verá que ele parte "do zero", sem pressupor qualquer conhecimento prévio do assunto, e apresenta o conteúdo gradativamente, de forma cumulativa. Assim, pouco a pouco, o edifício da Gramática de Construções – e da sua vertente funcionalista, a GCBU – vai sendo (com o perdão do trocadilho) construído junto com o leitor. Espero que você se divirta nesse processo tanto quanto eu me diverti – e que, ao final, deseje continuar habitando e explorando o território da GC.

* * *

Se a maioria dos livros não se escrevem sozinhos, este requereu o apoio de uma equipe multidisciplinar informal. Gostaria, então, de agradecer à Liana Biar, pela leitura de versões anteriores do manuscrito; à Clara Sousa, ao Gean Damulakis e ao Marcelo Melo, pela ajuda inestimável com as representações fonéticas e fonológicas (e ao Marcelo, em particular, também pelas discussões sobre variação linguística); ao Carlos Coutinho, pela revisão do trecho em que eu ouso falar sobre a representação do átomo; à Adriana Leitão, ao Alessandro Boechat e ao Humberto Soares, por esclarecerem dúvidas sobre Sintaxe Gerativa; à Clarice Guerretta, pela consultoria em Língua Brasileira de Sinais; à Sara Martins Adelino, pelas ilustrações maravilhosas que tornam esta obra muito melhor; e ao Eduardo Kenedy, que, mesmo sem saber, inspirou o título deste livro, diretamente decalcado do seu *Curso básico de Linguística Gerativa*.

PREÂMBULO
A Gramática de Construções é um modelo científico

Imagine que você vá ao dentista porque precisa começar a usar aparelho. No início da consulta, ele produz uma massinha misturando água e alginato em pó. Em seguida, essa massa é depositada em uma fôrma de plástico, que será então introduzida na sua boca. Pronto: em poucos minutos, a massa endurece, e o que sai é um molde bastante preciso da sua arcada dentária – basicamente, uma representação em tamanho real dos seus dentes e da sua gengiva. Graças a ela, será possível fabricar um aparelho personalizado que se encaixe perfeitamente na sua boca.

Agora, imagine outra situação: você foi visitar um prédio histórico, mas, ao chegar, descobriu que ele estava fechado. Na área externa, porém, havia uma maquete dele: uma espécie de representação em miniatura do lugar feita de madeira, acrílico, plástico e outros materiais. Graças a ela, você consegue ter uma visão geral do prédio, apesar de não poder visitá-lo.

O molde da sua arcada dentária não é a sua arcada dentária – é apenas uma representação dela, necessária para que seja fabricado um aparelho bem adaptado à sua boca. Da mesma maneira, a maquete de um museu não é o museu – é apenas uma representação, que permite aos visitantes frustrados terem uma visão geral do prédio. Como você deve ter percebido, moldes ortodônticos e maquetes arquitetônicas têm algo em comum: ambos são representações de algum aspecto da realidade. Nos dois casos, portanto, nós temos um *dado da realidade* (respectivamente, a sua arcada dentária e o prédio histórico) e uma *representação* que procura simular ou reproduzir esse dado realidade (respectivamente, o molde ortodôntico e a maquete).

Vamos, então, definir um vocabulário básico: para falar sobre o *dado da realidade* que está sendo representado, vou usar a expressão "sistema-alvo"; para fazer referência à *representação dessa realidade*, vou usar a palavra "modelo". Em termos concretos: um molde ortodôntico é um modelo do sistema-alvo *arcada dentária*, assim como uma maquete arquitetônica é um modelo do sistema-alvo *edificação* (por exemplo, um prédio histórico, um apartamento, um estádio de futebol).

Tomando como base esses dois exemplos, você certamente consegue pensar em muitos outros modelos que fazem parte do nosso dia a dia. Por exemplo: radiografias são modelos de diferentes partes do corpo; mapas são modelos de territórios (uma cidade, um bairro, um *campus* universitário...); plantas hidráulicas são modelos de um sistema hidráulico, e por aí vai. Mas os modelos não servem apenas para fabricar aparelhos, apresentar museus em obras para visitantes frustrados ou diagnosticar doenças: eles são absolutamente fundamentais, também, na atividade científica.

Considere, por exemplo, a história dos modelos atômicos – isto é, as diferentes representações que foram propostas, ao longo da história, para o sistema-alvo *átomo*. Com efeito, os livros de Química do Ensino Médio costumam mencionar pelo menos quatro desses modelos: o modelo de Dalton (ou modelo da bola de bilhar), o modelo de Thomson (ou modelo do pudim de passas); o modelo de Rutherford (ou modelo planetário); e o modelo de Rutherford-Bohr. Eles podem ser vistos na figura a seguir.

Figura 1 – modelos atômicos

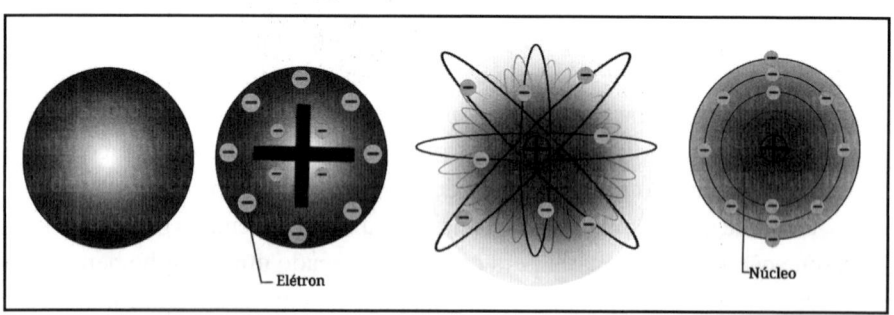

Ilustração: Sara Martins Adelino

Os quatro modelos acima foram desenvolvidos, nessa ordem, entre o início do século XIX e o início do século XX. No primeiro, o átomo é representado como uma estrutura maciça: essencialmente, uma esfera que não pode ser dividida em partes menores. No segundo, ele deixa de ser tratado como um todo indivisível e passa a ser representado como uma entidade formada por duas partes: de um lado, uma massa carregada positivamente; de outro, um conjunto de partículas de carga negativa (os elétrons) incrustadas nessa massa. O terceiro modelo também concebe o átomo como uma estrutura formada por duas partes, mas com uma diferença importante: agora, os elétrons não estão incrustados em uma massa, e sim gravitando em torno de um núcleo de carga positiva. No quarto modelo, por fim, a região ao redor do núcleo (chamada de eletrosfera) se torna mais complexa: ela agora é formada por diferentes camadas, cada uma associada a um nível de energia.

As transformações na representação do átomo ilustram um ponto importante: em grande medida, a atividade científica consiste em construir – e comparar – modelos diferentes para um mesmo sistema-alvo. Usando como exemplo a disputa entre os modelos atômicos, podemos representar essa situação da seguinte maneira:

Figura 2 – modelos atômicos e o sistema-alvo *átomo*

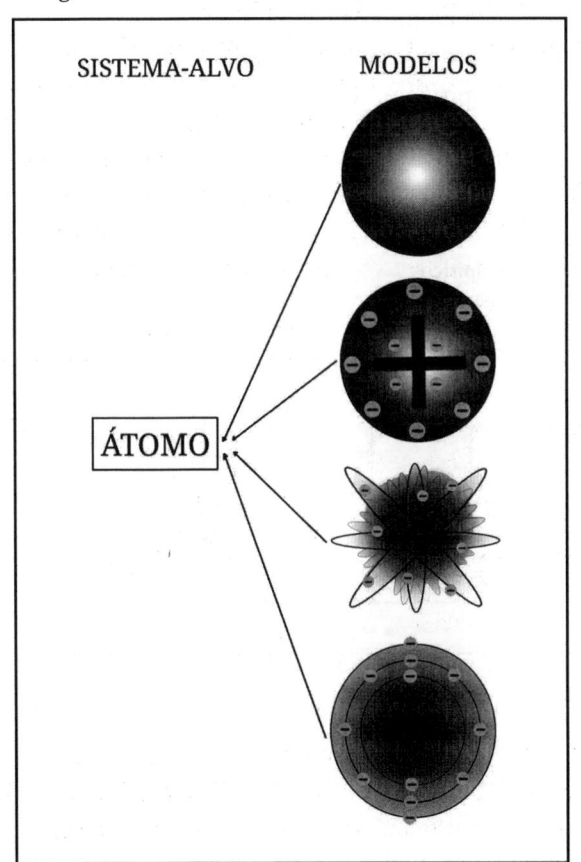

Ilustração: Sara Martins Adelino

A Figura 2 retrata uma situação em que quatro modelos diferentes são propostos para representar um mesmo sistema-alvo. Note que, para que isso seja possível, os cientistas devem, antes de qualquer coisa, reconhecer a própria existência do sistema-alvo. Nesse caso, então, os cientistas devem, em primeiro lugar, concordar que existe *algum tipo* de partícula fundamental da qual todas as coisas são feitas (isto é, aquilo que nós chamamos de átomo). A partir daí, inicia-se o trabalho de construir modelos que representem a estrutura dessa partícula.

O problema é que, quando nós construímos modelos científicos, fazermos isso precisamente para entender algum dado da realidade empírica que não pode ser observado diretamente (como a estrutura do átomo). Por isso, a construção de modelos é uma atividade que se baseia essencialmente em inferências: nós observamos o *comportamento externo* do sistema-alvo e, com base nessa observação, inferimos alguma coisa a respeito da sua estrutura. É preciso distinguir, portanto, entre os fatos empíricos (o comportamento diretamente observável do sistema-alvo) e as propriedades do modelo (aquilo que o cientista postula com base nos fatos empíricos). Assim:

Figura 3 – fatos empíricos × propriedades do modelo

Passo 1:
observação de fatos empíricos
(comportamento do sistema-alvo)

Passo 2:
postulação de propriedades
(estrutura do modelo)

Fatos empíricos
(comportamento
do sistema-alvo)

MODELO

Propriedade 1: ...
Propriedade 2: ...
Propriedade 3: ...
Etc.

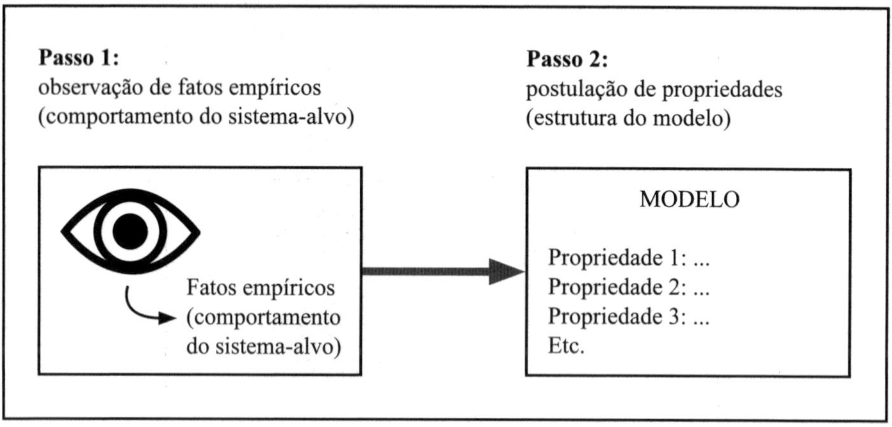

Vamos ilustrar esse procedimento com o processo que levou à postulação do modelo planetário do átomo, proposto pelo cientista britânico Ernest Rutherford com base em seus famosos experimentos com folha de ouro. Neles, Rutherford emitia partículas-alfa (carregadas positivamente) sobre uma folha de ouro. Ao redor da folha (mas com uma abertura na frente), havia uma placa metálica, que se iluminaria caso fosse atingida. A julgar pelo modelo de Thomson (o do "pudim de passas"), seria de se esperar que as partículas-alfa atravessassem a folha de ouro e alcançassem a placa metálica atrás dela. Isso porque, nesse modelo, a massa de carga positiva estava distribuída por todo o volume do átomo; dessa maneira, o campo elétrico gerado por essa massa deveria ser insuficiente para alterar a trajetória das partículas.

Não foi exatamente isso, contudo, o que aconteceu. Ao lançar partículas-alfa sobre a folha de ouro, Rutherford pôde observar três fatos empíricos: (i) a maior parte das partículas de fato atravessou a folha de ouro e atingiu a placa metálica atrás dela (como previsto); (ii) algumas poucas partículas tiveram sua trajetória desviada, embora tenham atravessado a folha; e (iii) uma quantidade ainda menor de partículas foi refletida, isto é, se chocou contra a folha de ouro e voltou.

Essas observações empíricas não são compatíveis com o modelo do pudim de passas: nele, o átomo não contém nenhuma região densa o suficiente para refletir as partículas-alfa. Nós precisamos, portanto, de um modelo diferente, capaz de explicar os fatos observados no experimento de Rutherford.

A solução, como você já sabe, foi propor que o átomo contém (a) um pequeno núcleo de carga positiva, (b) uma região ao redor do núcleo onde os elétrons circulam e (c) vastos espaços vazios entre o núcleo e essa região. O fato de a maior parte do átomo ser constituída por espaços vazios e por elétrons (ou seja, partículas carregadas negativamente) explica o fato empírico (i); o fato de ele conter um pequeno núcleo de carga positiva explica os fatos empíricos (ii) e (iii).

Esta é uma descrição grosseiramente simplificada do modelo atômico de Rutherford (e do processo pelo qual ele chegou a essas conclusões). Mas, aqui, isso não importa, porque nosso objetivo é apenas que você entenda a lógica da construção de um modelo científico – isto é, a diferença entre os fatos empíricos (aspectos do comportamento diretamente observável do sistema-alvo) e as propriedades do modelo, que são inferidas a partir da observação desses fatos.

Até aqui, tudo muito bem. Você certamente já compreendeu o conceito de modelo e já entendeu por que essa ideia é fundamental na ciência. Mas qual é a importância disso em um livro de Linguística?

A resposta é, até certo ponto, autoevidente: a Linguística, assim como a Química, também é uma ciência; logo, ela também se dedica a construir modelos. A pergunta mais difícil, porém, é a seguinte: quais seriam exatamente os sistemas-alvo que os linguistas procuram modelar? Pense assim: você já sabe que químicos modelam o sistema-alvo *átomo* – e certamente é capaz de imaginar que biólogos se interessam pela estrutura do DNA ou que astrônomos modelam a organização do sistema solar. Mas o que dizer do linguista? O que, exatamente, esse profissional modela?

Como qualquer ciência, a Linguística se dedica (a depender da subárea) a diversos sistemas-alvo – por exemplo, o processo de aquisição de linguagem, o processo de mudança linguística e os processos de produção e compreensão de um enunciado. Mas, de todos os sistemas-alvo que um linguista pode se interessar em modelar, um deles parece ser particularmente importante: o *conhecimento linguístico*.

O CONHECIMENTO LINGUÍSTICO COMO SISTEMA-ALVO DA LINGUÍSTICA

A ideia de conhecimento linguístico será absolutamente central neste livro. Por isso, mesmo que esse conceito não seja novidade para você, vamos tomar algum tempo para relembrá-lo. Para isso, considere os exemplos a seguir.

(1)   a. O livro sumiu.
        b. *Livro o sumiu.
(2)   a. Aquele copo está sujo.
        b. *Copo aquele está sujo.

Se você perguntar sobre as frases acima para qualquer falante do português, ele dirá que as sequências em (1a) e (2a) correspondem a sentenças possíveis (isto é, são estruturalmente bem formadas), ao passo que as sequências em (1b) e (2b) são impossíveis (isto é, são estruturalmente malformadas). Da mesma forma, qualquer falante do português constrói sentenças com "o livro" e "aquele copo", mas nenhum falante produz sequências como "livro o" e "copo aquele".

Ora, para que isso seja possível, é preciso haver *alguma coisa* na nossa cabeça que nos permita produzir frases bem formadas e, crucialmente, nos impeça de produzir frases malformadas. Pense assim: se não houvesse nada determinando o ordenamento correto das palavras (isto é, determinando que o "o" deve vir antes de "livro" e que o "aquele" deve vir antes do "copo"), nós simplesmente falaríamos de forma aleatória – ora diríamos "o livro", ora "livro o". Se, obviamente, não é isso que acontece, a conclusão inevitável é que existe *algo* na nossa cabeça ditando a construção adequada das frases. Vamos chamar esse "algo" de *conhecimento linguístico*.

Observe a analogia com o caso dos modelos atômicos. Na seção anterior, nós vimos que, a certa altura, a comunidade científica concordou quanto à existência de uma partícula fundamental da matéria. Isso significa reconhecer que há *alguma coisa* no mundo que funciona como um "tijolinho" básico para a composição de tudo o que existe. Esse reconhecimento equivale a aceitar a existência do sistema-alvo *átomo* – que, a partir daí, precisará ser modelado, para que sua estrutura interna seja compreendida.

Da mesma maneira, podemos dizer que a Linguística já aceitou a existência do sistema-alvo *conhecimento linguístico* – definido, de forma propositalmente vaga, como "o que quer que exista na cabeça das pessoas que permite a elas produzir apenas sentenças bem formadas". Agora, no entanto, é que vem a parte mais difícil: construir um modelo do conhecimento linguístico.

Assim como um átomo, porém, o conhecimento linguístico também não pode ser observado diretamente. Por isso, se quisermos compreender sua estrutura, precisamos, mais uma vez, apelar para inferências. Isto é, precisamos observar fatos empíricos e, a partir deles, postular uma estrutura que seja compatível com essa observação. Mas, quando se trata do conhecimento linguístico, quais são os fatos empíricos que nós devemos levar em conta?

Anteriormente, nós mencionamos duas observações importantes: o fato de que as pessoas falam de maneira sistemática, seguindo padrões, e o fato de que elas são capazes de identificar quais sequências de palavras são estruturalmente bem formadas e quais não o são. Essas duas observações são, no fundo, faces da mesma moeda: a diferença entre elas é que a primeira formula a questão a partir do ponto de vista do falante, enquanto a segunda o faz sob o ponto de vista do ouvinte. Por isso, vamos tratá-las como um único fato empírico. Este será nosso fato empírico 1, que pode ser formulado assim: *o uso linguístico é sistemático, e não aleatório.*

Que modelo poderia dar conta do fato empírico 1? Podemos começar (assim como Dalton e sua bola de bilhar) com um modelo bastante simples, segundo o qual o conhecimento linguístico do falante consistiria, muito simplesmente, em uma longa lista de frases associadas aos seus respectivos significados. Isto é, nós armazenaríamos na memória sequências como "O livro sumiu" e "Aquele copo está sujo", mas também "Meus sete irmãos vão viajar para o Havaí no próximo feriadão" e "Um elevado número de presidentes brasileiros não chegou a completar o mandato" (dentre muitas outras). Vamos nos referir a esse modelo, de forma bastante literal, como Modelo da Lista de Frases (abreviadamente, MLF).

Note que o MLF explica satisfatoriamente nosso fato empírico 1. Esse fato, vale lembrar, pode ser apreciado tanto do ponto de vista da produção quanto do ponto de vista compreensão. Na ponta da compreensão, a explicação é a seguinte: ao ouvirmos as sentenças em (1) e (2), nós escaneamos mentalmente todas as frases que estão armazenadas na nossa memória; ao fazermos isso, encontramos (1a) e (2a), mas não (1b) e (2b) – e, com isso, concluímos que apenas as primeiras são estruturalmente bem formadas no português. Já na ponta da produção, podemos pensar da seguinte forma: quando queremos expressar a ideia de que determinado livro sumiu, procuramos, na memória, a frase que está associada a esse significado – e, como essa lista terá a sequência "o livro sumiu" (mas não "livro o sumiu") vinculada a essa ideia, sempre vamos acabar produzindo frases com a palavra "o" antes de "livro" (e nunca depois). (A explicação é idêntica, claro, caso desejemos expressar a ideia de que determinado copo está sujo.)

Se o único fato empírico a ser explicado fosse o fato empírico 1, o problema estaria resolvido. A situação real, contudo, é mais complexa. Isso porque existe pelo menos um fato que não pode ser explicado pelo MLF: a criatividade linguística do falante.

Como você sabe, nós somos capazes de falar e compreender sentenças que nunca ouvimos antes. Por exemplo, eu provavelmente nunca falei (e você provavelmente nunca ouviu) a frase "O platelminto rezou". No entanto, eu não tive qualquer dificuldade para construí-la neste exato momento (e você não teve problema para entendê-la, embora a tenha achado um pouco estranha). Temos, então, nosso fato empírico 2, que pode ser formulado assim: *o falante é capaz de produzir e interpretar frases que ele nunca ouviu antes*.

Como podemos explicar essa habilidade se considerarmos que nosso conhecimento tem o formato definido pelo MLF? A resposta é simples: não podemos. Afinal, no MLF, nosso conhecimento não passa de uma lista de frases pré-fabricadas: ele não conta com nenhum mecanismo que permita gerar *frases novas*. Logo, eu só poderia produzir a frase sobre o platelminto se a tivesse ouvido de alguém anteriormente. Mas, você sabe, não foi isso que aconteceu agora: eu criei essa frase estranha na hora, enquanto escrevia este texto. E, mesmo que eu tivesse ouvido de alguém, isso não resolveria o problema: de qualquer maneira, seria preciso explicar como o primeiro humano a usar essa frase foi capaz de criá-la – e isso simplesmente não é possível se considerarmos que o conhecimento linguístico dessa pessoa tem o formato preconizado pelo MLF.

O MLF, portanto, é como o modelo atômico de Dalton ou de Thomson: ele explica uma parte dos fatos empíricos disponíveis, mas não todos – e, por isso, deve ser descartado. Para substituí-lo, vamos pensar em um modelo alternativo, que será chamado aqui de MPR (sigla para Modelo de Palavras e Regras). Se o MLF era formado por apenas um componente (uma longa lista de frases), o MPR inclui duas partes: de um lado, uma lista de palavras (que os linguistas chamam de léxico); de outro, um conjunto de regras para formar frases (que os linguistas chamam de gramática). Você pode pensar no MPR como uma receita culinária: ele inclui uma "lista de ingredientes" (as palavras listadas no léxico) e um "modo de fazer" (as regras que determinam de que maneira aquelas palavras devem ser combinadas).

Note que, nesse modelo, o léxico deve conter não apenas todas as palavras conhecidas pelo falante – ele deve ainda associar cada palavra a uma classe gramatical. Ou seja: não temos apenas uma lista como "o", "livro" e "sumiu", mas uma lista na qual cada uma dessas palavras está vinculada a uma categoria (as palavras anteriores, por exemplo, pertencem às categorias Determinante, Nome e Verbo, respectivamente). Vamos visualizar então, a partir de um exemplo bastante simples, como é a estrutura do léxico no MPR:

Figura 4 – representação do léxico no Modelo de Palavras e Regras

> **o:** Determinante
> **livro:** Nome
> **sumiu:** Verbo

O outro componente do MPR é o conjunto de regras. Mas como exatamente seriam elas? Podemos começar imaginando que a regra básica para a montagem de uma sentença tem a seguinte forma:

Sentença = Sintagma Nominal (SN) + Sintagma Verbal (SV)

Trocando em miúdos, o que essa regra está dizendo é o seguinte: uma sentença deve ser formada combinando-se um SN a um SV. Mas ela não é particularmente útil, já que não especifica como formar um SN e um SV. Para isso, precisamos duas regras adicionais:

SN = Determinante (Det) + Nome (N)
SV = Verbo (V)

Pronto: agora temos uma minigramática formada por três regras. A primeira nos ensina como montar uma sentença, a segunda nos ensina a construir um SN e a terceira nos informa como construir um SV. Além disso, temos um miniléxico composto de três palavra: "o", "livro" e "sumiu". Juntando todas essas informações, conseguimos gerar a frase (1a). Para isso, basta seguir os passos abaixo:

- Passo 1: na regra SN = Det + N, trocamos Det por "o" e N por "livro" (sabemos que essa troca é possível porque, no léxico, está especificado que "o" é um Determinante e "livro" é um Nome); como resultado, obtemos SN = o livro.
- Passo 2: na regra SV = V, trocamos V por "sumiu" (sabemos que essa troca é possível porque, no léxico, está especificado que "sumiu" é um Verbo); como resultado, obtemos SV = sumiu.
- Passo 3: na regra S = SN + SV, trocamos SN por "o livro" (sequência que foi previamente gerada pela regra SN = Det + N) e trocamos SV pela forma "sumiu" (isso pode ser feito neste momento porque antes aplicamos a regra SV = V).

Para um modelo com esse formato, não é difícil dar conta do fato empírico 2. Por exemplo, para explicar o fato de que alguém usou a frase "O platelminto rezou", basta acrescentar ao léxico a palavra "platelminto", identificada como um Nome, e a palavra "rezou", identificada como um Verbo. Com esses acréscimos, conseguimos tranquilamente gerar a frase "O platelminto rezou" usando os mesmos mecanismos aos quais recorremos para produzir "O livro sumiu".

Como você deve ter notado, a diferença fundamental entre o MPR e o MLF é a seguinte: enquanto o segundo é formado por um único componente (a lista de frases que lhe dá o nome), o primeiro inclui dois componentes (o léxico e o conjunto de regras). E é precisamente o componente das regras, ausente do MLF, que permite ao MPR lidar satisfatoriamente com o problema que vitimou nosso primeiro modelo: a necessidade de dar conta da criatividade linguística do falante (isto é, nosso fato empírico 2).

O MPR representa, certamente, um grande avanço sobre o MLF. Mas será que ele é a única alternativa lógica? Ou haveria alguma outra maneira de modelar o conhecimento linguístico do falante sem deixar de contemplar os fatos empíricos 1 e 2? A partir de agora, vou convidá-lo a contemplar uma outra possibilidade.

Para isso, considere as seguintes frases: "Maria deu dinheiro para João", "Alguém emprestou roupas para Carlos" e "Paulinho enviou flores para o Silvio". Você deve ter notado que todas essas frases (i) têm a mesma estrutura formal; e (ii) descrevem o mesmo tipo de cena. Informalmente, podemos caracterizar essa estrutura formal da seguinte maneira: Sujeito (Nome) + Verbo + Objeto Direto (Nome) + Objeto Indireto ("para" + Nome). Quanto ao significado, todas elas descrevem algum tipo de transferência: no primeiro caso, a transferência definitiva de um valor monetário; no segundo, a transferência de um conjunto de roupas com a expectativa de devolução futura; no terceiro, a transferência de flores para um destinatário distante.

Podemos capturar esse fato dizendo que nosso conhecimento linguístico contém *templates* ou esquemas gerais para a construção de frases. Esses *templates*, é importante notar, incluem tanto informação de natureza formal (por exemplo: classes de palavras, como Nome e Verbo, e relações gramaticais, como Sujeito e Objeto) quanto informação de natureza semântica (neste caso, a ideia de transferência). Dessa forma, podemos dizer que as três frases acima são manifestações do mesmo *template* geral, que pode ser representado assim: Sujeito + Verbo + Objeto Direto + Objeto Indireto ("para" + Nome) / ideia de transferência (como você pode ver, antes da barra incluímos as informações formais e, depois dela, as informações semânticas). Vamos chamá-lo de *template* bitransitivo (aproveitando o fato de que verbos com dois objetos costumam ser chamados de verbos bitransitivos).

Agora considere que o nosso modelo de conhecimento linguístico inclui dois tipos de elemento: *templates* (como esses que acabamos de ver) e palavras (como "Maria", "deu" e "dinheiro"). Vamos chamá-lo, na falta de um nome melhor, de Modelo de *Templates* e Palavras (MTP). Note que, assim como o MPR (e diferentemente do MLF), o MTP não exige que todas as frases possíveis sejam listadas individualmente. Em vez disso, ele dá ao falante a possibilidade de *gerar frases*. Para isso, basta encaixar as palavras nas posições abertas dos *templates*. Por exemplo, eu posso pegar o *template* bitransitivo e proceder aos seguintes encaixes: a palavra "Maria" na posição de sujeito, a palavra "deu" na posição de verbo, a palavra "dinheiro" na posição de objeto direto e a palavra "João" na posição de objeto indireto (após o "para"). Como resultado, vou obter a frase "Maria deu dinheiro para João".

Como você deve ter percebido, no MTP, os *templates* sintáticos têm a mesma função que, no MPR, é desempenhada pelas regras: viabilizar a geração de sentenças. Nesse sentido, ambos os modelos são superiores ao MLF, que não é capaz de gerar coisa alguma: tudo o que ele contém é uma lista fixa de frases pré-fabricadas. Dessa maneira, o MPR e o MTP, mas não o MLF, conseguem lidar satisfatoriamente com nosso fato empírico 2.

Estamos, portanto, diante da seguinte situação: foram comparados três modelos distintos (o MLF, o MPR e o MTP) que se propõem a representar um mesmo sistema-alvo (o conhecimento linguístico). Para que sejam considerados representações adequadas, esses modelos precisam dar conta de dois fatos empíricos: o fato empírico 1 e fato empírico 2. Um dos modelos (o MLF) dá conta apropriadamente do primeiro fato, mas não do segundo – e, por isso, deve ser descartado. Os dois modelos restantes, porém, parecem igualmente adequados, ao menos na medida em que ambos dão conta dos dois fatos empíricos que estamos considerando aqui. Essa situação pode ser representada assim:

Quadro 1 – comparação entre modelos do conhecimento linguístico

	Explica o fato empírico 1?	Explica o fato empírico 2?
Modelo da Lista de Frases	Sim	Não
Modelo de Palavras e Regras	Sim	Sim
Modelo de Templates e Palavras	Sim	Sim

O quadro 1 evidencia uma situação de competição não resolvida entre dois modelos. Nessa situação fictícia, temos dois modelos distintos (o MPR e o MTP) que estão disputando entre si para ver qual deles explica melhor o sistema-alvo *conhecimento linguístico*. Até o momento, só fomos capazes de identificar dois fatos empíricos com os quais um modelo precisa lidar para que seja considerado adequado: os fatos 1 e 2. Como tanto o MPR quanto o MTP lidam adequadamente com ambos os fatos, a disputa está empatada.

MODELOS DO CONHECIMENTO LINGUÍSTICO NA LINGUÍSTICA CONTEMPORÂNEA

A situação descrita na seção anterior é fictícia, mas não tanto. O MPR é uma caricatura (grosseiramente simplificada) de um modelo do conhecimento linguístico que fez bastante sucesso nos anos 1960. Esse modelo, que ficou conhecido como *teoria-padrão*, é hoje visto como uma das etapas do desenvolvimento da Linguística Gerativa (LG) – paradigma teórico que passou a dominar os estudos linguísticos a partir dos anos 1960. Embora a teoria-padrão já esteja superada, um de seus *insights* fundamentais segue vivo nas encarnações atuais da LG: a ideia de que o conhecimento linguístico do falante inclui tanto um léxico (entendido tipicamente como uma coleção de itens) quanto uma gramática (responsável por construir sentenças a partir da combinação dos itens do léxico).

O MTP, por seu turno, é uma caricatura muito simplificada da Gramática de Construções (GC) – modelo que surgiu nos anos 1980, nos Estados Unidos, com uma reação à tradição da Linguística Gerativa. Ainda que seja uma simplificação, ele captura o *insight* fundamental da GC: a ideia de que o conhecimento linguístico do falante é um grande inventário de itens, aí incluídos *templates* e palavras.

Se é assim, podemos chegar à seguinte conclusão: *a LG e a GC são dois modelos distintos que buscam representar um mesmo sistema-alvo – qual seja, o conhecimento linguístico do falante*. Em essência, enquanto a LG atribui ao conhecimento linguístico uma estrutura bipartida (de um lado, um inventário de itens; de outro, um sistema que manipula esses itens), a GC o caracteriza de maneira essencialmente uniforme (como um vasto inventário de itens). No cenário da Linguística contemporânea, portanto, está colocado o seguinte embate:

Figura 5 – LG e GC como modelos concorrentes para um mesmo sistema-alvo

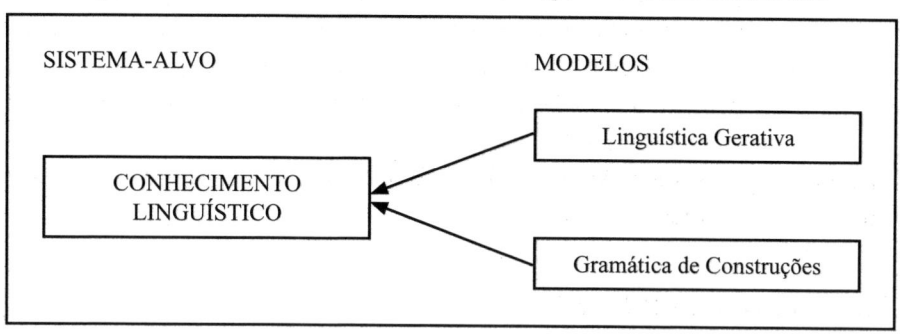

Essa figura traduz uma situação que acontece o tempo todo na história da ciência: a competição entre diferentes modelos pela representação de um mesmo sistema-alvo. Assim como, na história da Química, diferentes representações foram propostas para a estrutura do átomo (como vimos na Figura 2), na Linguística contemporânea existe mais de um modelo disponível para representar o sistema-alvo *conhecimento linguístico*.

E, se quisermos ser justos, temos que dizer que o cenário real é bem mais complexo que o da Figura 5. Para começo de conversa, essa complexidade se deve ao fato que a Linguística Gerativa e a GC não são os únicos modelos atualmente disponíveis no mercado teórico: existem muitos outros, como a Teoria da Otimidade, a *Head-driven Phrase Strucutre Grammar* (conhecida como HPSG), a *Lexical Functional Grammar* (conhecida como LFG), entre outros. Ou seja: testemunhamos, na Linguística contemporânea, uma profusão de modelos que se dedicam à tarefa de oferecer uma representação para o conhecimento linguístico do falante.

Mas há ainda um segundo fator que complexifica o cenário: trata-se do fato de que nem a LG nem a GC correspondem a modelos únicos, monolíticos. Na verdade, esses dois rótulos designam empreendidos intelectuais abrangentes, que abrigam uma diversidade de abordagens particulares. Em termos simples: não existe *uma* Linguística Gerativa e *uma* Gramática de Construções, mas um conjunto relativamente heterogêneo de abordagens gerativistas ou construcionistas.

Juntos, esses dois fatores mostram que o quadro pintado pela Figura 5 simplifica bastante as coisas: ele ignora tanto a existência de outros modelos, concorrentes da LG e da GC, quanto a complexidade interna dos próprios campos da LG e da GC. Nada disso, porém, altera o ponto fundamental – a saber, o fato de que existem, hoje, diferentes modelos que concorrem pela representação do sistema-alvo *conhecimento linguístico*.

Na "Apresentação" desta obra, você viu que ela se propõe a oferecer um curso introdutório completo à Gramática de Construções. Mas só agora, tendo chegado ao final deste "Preâmbulo", você está em condições de entender o que, exatamente, é a GC. Trocando em miúdos, trata-se de um dos muitos modelos científicos em que os linguistas apostam para representar o nosso conhecimento linguístico. Ao longo dos próximos dez capítulos, é desse modelo que nós vamos tratar.

SÍNTESE DO CAPÍTULO

1. Modelos estão por toda parte no nosso dia a dia: nos moldes ortodônticos, nas maquetes arquitetônicas, nos mapas e em muitos outros tipos de objeto incrivelmente úteis.
2. Modelos também são essenciais na ciência. Em grande parte, a atividade científica consiste em modelar diferentes sistemas-alvo. É comum que, em um dado momento, exista concorrência entre diferentes modelos propostos para um mesmo sistema-alvo.
3. A Linguística estuda diversos assuntos, o que significa dizer que ela constrói modelos de diferentes sistemas-alvo. Neste livro, vamos concentrar toda a nossa atenção em um único sistema-alvo: o conhecimento linguístico.
4. Um modelo adequado para os sistema-alvo *conhecimento linguístico* deve dar conta de pelo menos dois fatos empíricos: (i) a sistematicidade do uso linguístico (o fato de que ele não é aleatório); e (ii) a criatividade do falante (o fato de que somos capazes de produzir e interpretar enunciados inéditos).
5. No mercado teórico da Linguística contemporânea, diversos modelos diferentes oferecem representações alternativas para o sistema-alvo *conhecimento linguístico*. Um deles é Gramática de Construções, objeto deste livro.

PARTE I
GRAMÁTICA DE CONSTRUÇÕES

Visão geral da Gramática de Construções

No capítulo anterior, nós vimos que a GC é um modelo científico que se propõe a representar o sistema-alvo *conhecimento linguístico*. Diante disso, a próxima pergunta a ser feita é quase inevitável: segundo a GC, de que maneira, exatamente, esse conhecimento deve ser caracterizado?

Neste capítulo, veremos que a GC caracteriza o seu sistema-alvo a partir de três princípios teóricos fundamentais. São eles: (i) o conhecimento linguístico é um inventário de construções gramaticais; (ii) as construções se organizam em rede; e (iii) as construções podem ser combinadas entre si. Ao longo das próximas páginas, vamos estudar cada um desses princípios separadamente. Depois, ao final do capítulo, eles serão combinados em uma formulação única, para que você tenha uma visão geral do modelo de conhecimento linguístico proposto pela GC.

PRINCÍPIO 1:
O CONHECIMENTO LINGUÍSTICO É UM INVENTÁRIO DE CONSTRUÇÕES GRAMATICAIS

O *insight* fundamental da GC pode ser enunciado de maneira bastante direta: *o conhecimento linguístico do falante tem a forma de um grande inventário de construções gramaticais*. Essa ideia, porém, só pode ser plenamente compreendida se entendermos, antes, o conceito de **construção gramatical**. É por aí, então, que vamos começar.

Na literatura construcionista, costuma-se definir construção gramatical como um *pareamento simbólico de forma e significado*. Para facilitar, vamos quebrar essa definição em duas partes: (i) uma construção gramatical é um pareamento de forma e significado; e (ii) esse pareamento é simbólico.

Para entender a parte (i), pense na palavra "copo". Por um lado, ela inclui informações formais – a saber, a sequência sonora /k/ + /ɔ/ + /p/ + /ʊ/.[1] Por outro, ela inclui também informações semânticas – neste caso, nosso conceito mental de copo (que deve ser algo como CONTÊINER CILÍNDRICO USADO PARA A INGESTÃO DE LÍQUIDOS).[2] Se é assim, ela certamente se caracteriza como um "pareamento de forma e significado" – e, portanto, parece se qualificar como uma **construção gramatical**.

Passemos agora para a parte (ii), segundo a qual o pareamento de forma e significado que caracteriza as construções gramaticais tem natureza *simbólica*. Em poucas palavras, uma **relação simbólica** é aquela na qual um elemento material evoca determinada ideia. Para entender na prática o que isso significa, imagine duas crianças que estão brincando com um lápis como se ele fosse um avião. Nós sabemos, é claro, que isso não é verdade: o lápis é um instrumento usado para escrever e desenhar, e não um meio de transporte aéreo. Durante a brincadeira, porém, sempre que as crianças avistam o lápis, elas *pensam* em um avião. Nesse caso, diremos que a relação que existe entre o lápis (objeto físico) e o avião (conceito abstrato) tem natureza simbólica – o que significa que determinado objeto físico (o lápis) evoca, na mente das pessoas, determinada ideia não relacionada a ele (a ideia de um avião). Outra maneira de dizer a mesma coisa é afirmar, muito simplesmente, que (nesse contexto particular) o lápis *simboliza* um avião.

Com as palavras, acontece exatamente o mesmo: se eu me virar para você e articular, nessa ordem, os sons [k], [ɔ], [p], [ʊ], a ideia de um de contêiner cilíndrico vai surgir na sua cabeça. Se é assim, podemos dizer que a sequência sonora /ˈkɔpʊ/ *simboliza* a ideia de CONTÊINER CILÍNDRICO USADO PARA A INGESTÃO DE LÍQUIDOS (tanto quanto, na brincadeira infantil, o lápis simboliza o avião).

Muito bem: agora podemos ter certeza de que a palavra "copo" é uma construção gramatical. Afinal, ela atende aos dois requisitos estabelecidos no início desta seção: de um lado, ela combina forma (/kɔpʊ/) e significado (CONTÊINER CILÍNDRICO USADO PARA A INGESTÃO DE LÍQUIDOS); de outro, a relação entre esses dois polos é simbólica (na medida em que a forma *evoca* o significado).

Se você parar para pensar, isso é verdade para a maioria das palavras do português (e de todas as línguas língua). Por exemplo, o nome "mesa" pode ser descrito como um pareamento simbólico entre a forma fonológica /ˈmezɐ/ e o significado MÓVEL FORMADO POR UM OU MAIS PÉS NOS QUAIS SE APOIA UMA SUPERFÍCIE HORIZONTAL; de maneira análoga, o adjetivo "liso" pode ser descrito como um pareamento simbólico entre a forma fonológica /ˈlizʊ/ e o significado SEM ASPEREZAS E SALIÊNCIAS. Essas duas palavras, portanto, também se qualificam como construções gramaticais.

Neste ponto, estamos em condições de começar a representar visualmente as construções gramaticais. Veja:

Figura 6 – representação da construção <copo>

FORMA	/'kɔpʊ/	
SIGNIFICADO	CONTÊINER CILÍNDRICO USADO PARA A INGESTÃO DE LÍQUIDOS	

Figura 7 – representação da construção <liso>

FORMA	/'lizʊ/	
SIGNIFICADO	SEM ASPEREZAS E SALIÊNCIAS	

Nessas duas figuras, temos uma representação que captura, simultaneamente, as duas propriedades incluídas na nossa definição: a ideia de que a construção é composta de duas partes (forma e significado) e a ideia de que a relação entre essas partes é simbólica. As duas partes estão indicadas de maneira explícita, por meio das palavras "Forma" e "Significado", e divididas por uma linha horizontal; já a relação simbólica está indicada pela seta bidirecional. Essa seta, portanto, pode ser lida das seguintes maneiras: *a forma simboliza o significado* ou *o significado é simbolizado pela forma*.

Mas será que apenas palavras se qualificam como construções gramaticais? A resposta é "não". Vamos, então, considerar agora certas expressões idiomáticas fixas, como as que você vê a seguir.

(1)   a. Camarão que dorme, a onda leva.
         b. Deus ajuda quem cedo madruga
         c. Não tá mais aqui quem falou.
         d. Faça-me o favor!

Note que essas quatro frases têm três propriedades em comum: (i) todas elas são formadas por mais de uma palavra; (ii) todas são idiomáticas (isto é, o significado do todo não pode ser obtido pela soma do significado das partes); e (iii) todas são fixas, na medida em que suas partes componentes não podem ser substituídas ou deslocadas (por exemplo, não podemos dizer "Camarão que dorme, o predador leva", "Camarão que dormira, a onda levou" ou "A onda leva camarão que dorme").

Por conta dessas três propriedades, vou me referir a frases como (1a), (1b), (1c) e (1d) como *expressões idiomáticas fixas*. Intuitivamente, não diríamos que essas expressões são palavras, e sim sequências de palavras. Para a GC, porém, o que realmente importa é que elas podem ser representadas exatamente como as palavras – isto é, como pareamentos diretos entre uma forma e um significado. A título de exemplo, vamos representar as expressões em (1a) e (1c):

Figura 8 – representação da construção <Camarão que dorme, a onda leva>

FORMA	/kamaˈr̃ẽɵ̃ˈkiˈdɔɣmɪˈaˈõɵ̃dəˈlɛvə/	↕
SIGNIFICADO	ACONTECIMENTOS INESPERADOS AFETAM NEGATIVAMENTE PESSOAS DESPREVENIDAS	

Figura 9 – representação da construção <Não tá mais aqui quem falou>

FORMA	/ˈñẽɵ̃ˈtaˈmaɪ̯zaˈkiˈkẽɪ̯faˈlo/	↕
SIGNIFICADO	RETRATAÇÃO EM RELAÇÃO A UM COMENTÁRIO ANTERIOR	

A essa altura, você já sabe ler as Figuras 8 e 9: a primeira nos diz que a forma /kamaˈr̃ẽɵ̃ˈkiˈdɔɣmɪˈaˈõɵ̃dəˈlɛvə/ veicula a ideia de que acontecimentos inesperados afetam negativamente pessoas desprevenidas, e a segunda nos diz que a forma /ˈñẽ ɵ̃ˈtaˈmaɪ̯zaˈkiˈkẽɪ̯faˈlo/ veicula a ideia de RETRATAÇÃO EM RELAÇÃO A UM COMENTÁRIO ANTERIOR. Como você pode notar, não há aqui nada essencialmente diferente do que vimos em relação às palavras: assim como a forma /ˈkɔpʊ/ é especializada em evocar a ideia de um contêiner cilíndrico usado para a ingestão de líquidos, a forma /kamaˈr̃ẽɵ̃ˈkiˈdɔɣmɪˈaˈõɵ̃dəˈlɛvə/ é especializada em expressar a ideia de que pessoas desprevenidas podem se ver em situações ruins. Tanto palavras quanto expressões idiomáticas fixas podem, portanto, ser entendidas como pareamentos simbólicos entre forma e significado – ou seja, como construções gramaticais.

Até aqui, tudo muito tranquilo. Mas há um problema: como nós vimos no "Preâmbulo", a Gramática de Construções é um modelo do conhecimento linguístico do falante. E esse conhecimento não pode se resumir a um repertório de palavras e expressões fixas: ele deve incluir também um conhecimento sobre como *combinar palavras* a fim de gerar sequências bem formadas. Pense comigo: se um estrangeiro aprendesse hoje todas as palavras e expressões do português, ele saberia falar português? Certamente não. Afinal, mesmo conhecendo as palavras "o" e "livro", por exemplo, ele não teria como saber se a ordem apropriada é "o livro" ou "*livro o". Pela mesma lógica, ainda que esse estrangeiro conhecesse as palavras "mesa", "de" e "madeira", ela não teria como adivinhar que deve dizer "mesa de madeira" (e não, por exemplo, "*mesa madeira de").

Estamos, portanto, diante de um impasse. Nós vimos que, para a GC, o conhecimento linguístico é um inventário de construções gramaticais (conceito que abarca tanto palavras quanto expressões idiomáticas fixas). Ao mesmo tempo, está claro que o conhecimento linguístico do falante deve incluir ainda informações sobre como as palavras devem ser combinadas. Mas como é possível dar conta *desse* tipo conhecimento – por exemplo, o conhecimento de que o artigo "o" deve vir antes, e não depois, de "livro" – munidos tão somente do conceito de construção gramatical?

Para resolvermos esse problema, precisamos assumir que esse conceito não abrange apenas palavras e expressões fixas: ele se aplica também a padrões abstratos (isto é, estruturas gramaticais com pelo menos um *slot* vazio). Para compreender essa ideia, veja os exemplos a seguir.

(2)   a. Quero <u>reler</u> esse livro.
      b. Ele vai <u>reabastecer</u> o carro.
      c. Paulo <u>recomeçou</u> o trabalho.

Olhando para palavras em (2), não é difícil identificar afinidades formais entre elas: afinal, todas são compostas de uma sequência inicial /xe/ seguida de alguma forma verbal (respectivamente, "ler", "abastecer" e "começou"). Se é assim, uma maneira de dar conta dos dados em (2a) a (2c) é dizer que eles são manifestações de um mesmo padrão gramatical abstrato: uma espécie de *template* morfológico composto da sequência /xe/ e de um *slot* vazio, que deverá ser ocupado por uma forma verbal.

Aqui, porém, há um detalhe importante. Se você olhar novamente para as palavras em (2), verá que elas não coincidem apenas quanto à forma: há também uma importante afinidade *semântica* entre elas. Especificamente, todas parecem veicular a ideia de repetição: reler é repetir o ato de ler, reabastecer é repetir o ato de abastecer e recomeçar é repetir o ato de começar. Se é assim, nosso *template* morfológico não pode ser considerado apenas uma estrutura formal: ele é, na verdade, uma estrutura formal (/xe/ + Verbo) diretamente ligada a um significado (REPETIÇÃO).

A esta altura, você já deve ter entendido aonde queremos chegar: a ideia aqui é a de que o *template* morfológico <re + Verbo> também é uma construção gramatical, já que se trata de uma estrutura que combina informações formais com informações semânticas. Mas, caso você ainda não esteja convencido, observe a analogia: se /'kɔpʊ/ é uma forma que expressa o significado CONTÊINER CILÍNDRICO USADO PARA A INGESTÃO DE LÍQUIDOS, o padrão /xe/ + Verbo é uma forma que expressa a ideia de repetição.

Fica, então, estabelecido que esse padrão é uma construção gramatical – aqui, vamos nos referir a ela como a construção <re + Verbo>. E, neste ponto, aproveitamos para introduzir uma convenção notacional: usaremos parênteses angulares (<>) para delimitar uma construção no meio do texto corrido (assim: "a construção <re + Verbo>", "a construção <copo>", etc.). Por uma questão de inteligibilidade, nesses casos usaremos, quase sempre, a ortografia convencional do português (e não representações fonéticas).[3]

Se o padrão <re + Verbo> é uma construção, isso significa que ele pode ser representado no mesmo formato de caixinhas retangulares que usamos para palavras e expressões fixas. Assim:

Figura 10 – representação da construção <re + Verbo>

FORMA	/xe/ + Verbo	↑
SIGNIFICADO	REPETIÇÃO	↕

A Figura 10 mostra que, assim como a palavra "copo" e a expressão "Camarão que dorme, a onda leva", também o padrão morfológico /xe/ + Verbo pode ser descrito como um pareamento direto de forma e significado. Ele tem, contudo, uma particularidade: dentre os dois elementos que compõem seu polo formal, um deles não apresenta qualquer tipo de especificação sonora.

Observe: a forma dessa construção inclui, de um lado, a sequência sonora /xe/ e, de outro, a informação Verbo. Como você pode ver, essa segunda parte é especificada quanto a uma informação morfossintática (trata-se de um verbo), mas não quanto informações fonológicas (ela não especifica qualquer segmento sonoro). Por isso, diremos que a segundo parte dessa construção é um *slot* aberto (ou uma posição não preenchida).

Essa discussão nos mostra que, do ponto de vista do preenchimento sonoro, existem pelo menos dois tipos de construções: as **construções preenchidas**, que não apresentam *slots* abertos no polo da forma, e as **construções semipreenchidas** (ou **parcialmente preenchidas**), que mesclam posições fonologicamente especificadas com posições vazias. Dentre os três tipos de construção com que já nos deparamos, palavras e expressões idiomáticas fixas são preenchidas, ao passo que padrões morfológicos (como <re + Verbo>) são semipreenchidos.

Não é apenas no domínio da morfologia, contudo, que encontramos construções com *slots* abertos: elas também são abundantes no terreno da sintaxe. Observe, por exemplo, as sentenças a seguir.

(3) a. O João sempre chuta o balde diante do primeiro obstáculo.
b. Ontem, o candidato finalmente chutou o balde.
c. Se eles chutassem o balde, você ia ver só.

Como você sabe bem, a expressão "chutar o balde" significa algo como DESISTIR DE UMA EMPREITADA. Dado que o significado não é composicional, estamos diante aqui de uma expressão idiomática. Nesse sentido, "chutar o balde" se assemelha bastante a "Camarão que dorme, a onda leva", que analisamos anteriormente.

Mas há uma diferença importante. "Camarão que dorme, a onda leva", como nós já vimos, é inteiramente inflexível: você não pode substituir ou deslocar qualquer elemento. A expressão "chutar o balde", por outro lado, é um pouco mais tolerante: ela admite com facilidade alterações tanto na posição de sujeito quanto nos morfemas gramaticais do verbo – como você pode ver em (3).

Para capturarmos essa diferença, diremos que "Camarão que dorme, a onda leva" é uma construção totalmente preenchida, ao passo que "chutar o balde" é uma **construção semipreenchida**. Dito de outro modo: enquanto a primeira se assemelha a uma palavra, ao menos na medida em que seu polo formal não contém nenhuma posição aberta, a segunda se assemelha ao padrão <re + Verbo>, uma vez que combina uma parte fixa a uma parte variável. Veja:

Figura 11 – representação da construção <SUJ. CHUTAR o balde>

FORMA	SUJ + CHUTAR /uˈbaʊdʒɪ/	
SIGNIFICADO	DESISTIR DE UMA EMPREITADA	

Analisando a Figura 11, você pode constatar o que acabamos de dizer: o polo formal de <SUJ. CHUTAR o balde> contém tanto partes fixas (preenchidas) quanto partes abertas. Claramente, a sequência /uˈbaʊdʒɪ/ corresponde a uma parte fixa, ao passo que o sujeito corresponde a uma parte aberta. No que se refere ao verbo, a situação é mais complexa: a raiz (chut-) é invariável (você não pode dizer "empurrar / empurrou o balde"), mas os morfemas de tempo/modo/aspecto e número/pessoa podem variar (como vimos antes). Para representarmos esse fato, usamos, na Figura 11, a forma ortográfica do infinitivo do verbo "chutar" em letras maiúsculas. Essa notação indica que não estamos lidando aqui com o infinitivo do verbo "chutar", e sim com *qualquer flexão possível do verbo chutar*[A] (se quiséssemos nos referir especificamente ao infinitivo, usaríamos letras minúsculas).

Evidentemente, esse mesmo tratamento pode ser estendido a um sem-número de expressões semelhantes: pense em coisas como "acertar na mosca", "pisar na bola", "arrumar sarna para se coçar", "pintar o sete", "procurar pelo em ovo", "botar a boca no trombone", e por aí vai. Em todos esses casos, temos uma construção gramatical semipreenchida em que os *slots* do sujeito e dos morfemas gramaticais dos verbos são abertos, ao passo que as demais posições são fixas.

Mas não são apenas essas posições que podem ficar abertas em uma construção. Considere, por exemplo, as fórmulas pragmáticas que aparecem em (4) e (5):

(4)   a. É bom você falar direito comigo!

       b. É bom ele tratar minha mulher direito!

       c. E é bom você me pagar logo o que deve, ou eu chamo a polícia!

(5)   a. Onde já se viu acordar cedo no domingo?

       b. Onde já se viu passar o dia inteiro sem comer?

       c. Onde já se viu fazer Letras?

Não é difícil identificar regularidades de forma e significado entre as sentenças em (4). Do ponto de vista da forma, todas elas incluem a sequência /'ɛ'bõɐ̃/ seguida de oração subordinada com verbo no infinitivo (respectivamente, "falar", "tratar" e "pagar"). Do ponto de vista do significado, todas elas funcionam como AMEAÇA PARA QUE UM INDIVÍDUO TENHA DETERMINADO COMPORTAMENTO (respectivamente, o comportamento de "falar direito" com o falante, de tratar a mulher do falante de forma respeitosa e de "pagar o que deve"). Então, uma vez mais, é possível postular a existência de uma construção semipreenchida, que vamos chamar aqui de construção <é bom + Oração Subordinada>. Essa construção pode ser representada assim:

Figura 12 – representação da construção <é bom + Oração Subordinada>

FORMA	/'ɛ'bõɐ̃/ + Or. Subordinada (V_{inf})	↕
SIGNIFICADO	AMEAÇA PARA QUE UM INDIVÍDUO TENHA UM DETERMINADO COMPORTAMENTO	

O caso das sentenças em (5) é bastante semelhante. Aqui, temos três sentenças que se irmanam, formalmente, pela presença da sequência /'õdʒɪ'ʒa'si'viɐ̃/ seguida de uma sequência com estrutura oracional e verbo no infinitivo. Além disso, quanto ao significado, todas parecem expressar a ideia de que o falante desaprova as situações denotadas pela oração (isto é, as situações de "acordar cedo no domingo", "passar o dia inteiro sem comer" e "fazer Letras"). Então, uma vez mais, é possível postular a existência de uma construção semipreenchida, que vamos chamar aqui de construção <onde já se viu + Oração Subordinada>. Ela pode ser representada assim:

Figura 13 – representação da construção <onde já se viu + Oração Subordinada>

FORMA	/ˈõdʒɪˈʒaˈsiˈviʊ̯/ + Or. Subordinada (V$_{inf}$)	↕
SIGNIFICADO	DESAPROVAÇÃO EM RELAÇÃO A UMA SITUAÇÃO ESPECÍFICA	

Com efeito, uma das marcas registradas da GC é a ideia de que uma grande parte do nosso conhecimento linguístico é constituído por essas fórmulas idiomáticas pré-fabricadas, que mesclam *slots* abertos com partes fixas. Apenas para que você tenha uma ideia do quão onipresentes essas fórmulas são, considere as frases a seguir.

(6)   a. Ai de você.
       b. Ai de quem resolver me contrariar.
(7)   a. Vê se me respeita!
       b. Vê se termina rápido!
(8)   a. Vai dizer que você não sabia?
       b. Vai dizer que você não tem curiosidade de experimentar?
(9)   a. Também não é tanto dinheiro assim, vai.
       b. Não é tanta comida, vai.

As frases em (6) mostram que o português conta com uma estrutura formulaica do tipo <ai de + Expressão Nominal>, especializado na função de fazer uma ameaça. As frases em (7) evidenciam o padrão formulaico <vê se + Sentença>, que parece funcionar como um alerta para que o interlocutor não incorra em um comportamento inadequado. As frases em (8) revelam a existência do padrão <vai dizer que + Oração Subordinada>, especializado na função de expressar ceticismo em relação a uma posição atribuída ao interlocutor. E, por fim, os exemplos em (9) mostram que o português conta com o padrão <Sentença + vai>, especializado na função de refutar a tese do interlocutor de que determinada quantidade ou intensidade seria excessiva (por exemplo, se alguém afirma que 50 reais é muito dinheiro, podemos refutar essa ideia usando essa construção, como em (9a)).

A esta altura, você deve estar pensando: se existem construções totalmente preenchidas (como <copo> e <Deus ajuda quem cedo madruga>) e construções semipreenchidas (como o padrão morfológico <re + Verbo> e os padrões sintáticos <SUJ CHUTAR o balde> e <onde já se viu + Oração Subordinada>), será que haveria também construções inteiramente não preenchidas? Certamente. Veja, por exemplo, as sentenças em (10):

(10)   a. Maria deu um presente para Paulo.
       b. O autor enviou uma cópia do livro para os fãs.
       c. Pinola tocou a bola para Gabigol.

Como nos exemplos anteriores, também aqui conseguimos flagrar regularidades formais e semânticas entre as três sentenças apresentadas. Do ponto de vista formal, todas são compostas de um verbo e três argumentos: um SN que funciona como argumento externo (o sujeito), um SN que funciona como argumento interno (o objeto direto) e um SP que funciona também como argumento interno (o objeto indireto). Do ponto de vista do significado, as três sentenças evocam um evento de transferência de posse (o presente é transferido para Paulo, a cópia do livro é transferida para os fãs e a bola é transferida para Gabigol). Se é assim, podemos considerar que todas elas são manifestações de uma mesma construção gramatical, cuja forma é algo como Sujeito + Verbo + Objeto Direto + Objeto Indireto e cujo significado é a ideia de transferência de posse. Na literatura, essa construção costuma ser referida como Construção Bitransitiva. Podemos representá-la da seguinte maneira:

Figura 14 – representação da Construção Bitransitiva do português

FORMA	Sujeito + Verbo + Objeto Direto + Objeto Indireto	↕
SIGNIFICADO	TRANSFERÊNCIA DE POSSE	

A Figura 14 exibe uma construção inteiramente não preenchida. Se as Figuras 10 a 13 mostravam construção semipreenchidas, em que uma parte especificada quanto aos segmentos sonoros se combinava a um *slot* aberto, aqui temos uma construção que não inclui, no polo da forma, *nenhum* segmento sonoro específico. Com efeito, na Figura 14, veremos tão somente informações de natureza morfossintática: a categoria de verbo e as "funções sintáticas" de sujeito, objeto direto e objeto indireto.

Estruturas sintáticas, porém, não são o único tipo possível de construção inteiramente não preenchida. Pense, por exemplo, nos contornos entoacionais. Há evidências de que, no português brasileiro (PB), sentenças interrogativas sim/não – isto é, perguntas do tipo "Você está com fome?", em que a resposta esperada é a confirmação ou negação – apresentam, consistentemente, padrão entoacional ascendente.[5] Ora, isso significa que a entonação ascendente evoca, na cabeça de quem a escuta, a ideia de que *o enunciado proferido é uma pergunta* (em outras palavras: quando ouvimos um enunciado com entonação ascendente, entendemos que o falante está *perguntando* algo, e não fazendo uma afirmação ou dando uma ordem). À luz da GC, essa relação pode, mais uma vez, ser capturada sob a forma de uma associação direta entre forma e significado – isto é, uma construção gramatical. Vamos chamá-la de Construção Interrogativa Sim/Não. Veja:

Figura 15 – representação da construção de Construção Interrogativa Sim/Não

FORMA	Contorno entoacional ascendente	↑
SIGNIFICADO	PERGUNTA	↕ ↓

Como você pode ver, o polo formal da construção representada na Figura 15 especifica tão somente uma informação acerca do contorno entoacional. Isso significa que, assim como no caso da Construção Bitransitiva, também aqui temos uma construção cuja forma não inclui qualquer especificação quanto aos segmentos sonoros – a diferença é que, neste caso, a especificação formal é prosódica, e não morfossintática.

Seja como for, as construções representadas nas Figuras 14 e 15 mostram que o conhecimento linguístico do falante não é formado apenas por construções preenchidas (como <copo> e <Camarão que dorme, a onda leva>) e semipreenchidas (como <re + Verbo> e <onde já se viu + Sentença>): ele inclui ainda **construções não preenchidas** (como a Construção Bitransitiva e a Construção Interrogativa Sim/Não).

Essa divisão tripartida, no entanto, pode dar a impressão de que só existem três graus de preenchimento sonoro – o que não faz jus à complexidade da situação. Compare, por exemplo, as construções semipreenchidas <SUJ CHUTAR o balde> e <re + Verbo>: enquanto a primeira tem dois *slots* abertos (o sujeito e os morfemas gramaticais do verbo), a segunda tem apenas um (correspondente à categoria sintática Verbo). Isso significa que, embora ambas as construções sejam semipreenchidas, seus graus de preenchimento são distintos: <SUJ CHUTAR o balde> é menos preenchida que <re + Verbo>.

Por essa razão, em vez de falar em três níveis de preenchimento (construções preenchidas, semipreenchidas e não preenchidas), é melhor falar em um *continuum* de preenchimento sonoro. Nesse *continuum*, um dos polos é o das construções totalmente preenchidas e outro, o das construções totalmente não preenchidas.

Entre os dois polos, estão todas as construções semipreenchidas – que, por sua vez, também se distribuem de acordo com seu grau de preenchimento. Assim, a julgar pela análise acima, a construção <re + Verbo> estaria comparativamente mais próxima do polo das construções preenchidas, ao passo que <SUJ CHUTAR o balde> estaria mais próxima do polo das construções não preenchidas.

Se é assim, o melhor é tratar o preenchimento das construções gramaticais como um *continuum*. Isto é: em vez de falar em três níveis distintos de preenchimento, falamos em um *continuum* cujos extremos são o preenchimento completo e o preenchimento nulo (e cujas posições intermediárias admitem diferentes graus de preenchimento).

Neste ponto, vale acrescentar uma ressalva terminológica: gramáticos construcionistas usam muitos nomes diferentes para fazer referência ao grau de preenchimento de uma construção. Alguns sinônimos de "grau de preenchimento" são os seguintes: grau de esquematicidade, grau de generalidade/ especificidade, grau de abertura/fechamento e grau de abstração/concretude. Então, dizer que uma construção é mais preenchida equivale a dizer que ela é, na ordem: menos esquemática, mais específica, mais fechada e mais concreta. E, inversamente, afirmar que uma construção é menos preenchida equivale a dizer que ela é mais esquemática, mais geral, mais aberta e mais abstrata. Toda essa exuberância terminológica está reunida na Figura 16:

Figura 16 – *continuum* de preenchimento das construções gramaticais

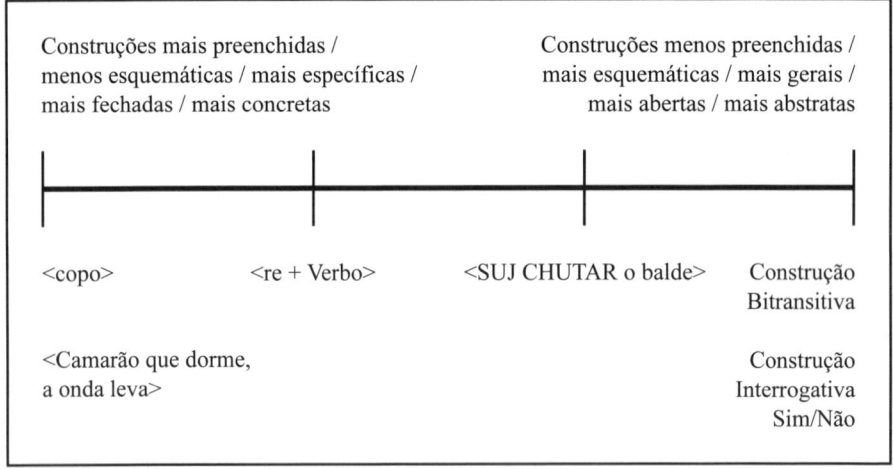

Nessa Figura, as construções gramaticais estão dispostas em um *continuum* de preenchimento sonoro: no polo da esquerda, estão as construções totalmente preenchidas; no polo da direita, as construções não preenchidas; e, no meio do caminho, as construções semipreenchidas (com seus graus diferentes de preenchimento). Assim, da esquerda para a direita, temos construções cada vez menos preenchidas – e, portanto, cada vez mais esquemáticas, gerais, abertas e abstratas.

No fim das contas, porém, essas diferenças importam pouco: sob uma ótica construcionista, o mais relevante é o fato de que todos esses elementos são, em última instância, pareamentos de forma e significado. Dito de outra maneira, palavras, expressões fixas, estruturas morfológicas, estruturas sintáticas e padrões entoacionais não são entidades *qualitativamente* distintas: embora elas possam se distinguir quanto ao grau de preenchimento sonoro, todas são, em última instância, unidades simbólicas – isto é, construções gramaticais.

Para a GC, portanto, a *totalidade* do nosso conhecimento linguístico – isto é, o conhecimento lexical, fonológico, morfológico, sintático e semântico – pode ser caracterizada em termos de construções gramaticais. Se é assim, parece natural caracterizar o próprio conhecimento linguístico como um enorme inventário de construções gramaticais de diferentes tipos – das totalmente preenchidas às totalmente abertas, passando por aquelas com grau de preenchimento intermediário.

Para se referirem a esse inventário, gramáticos construcionistas usam um neologismo bastante útil: a palavra inglesa **constructicon**, que resulta do cruzamento entre as palavras "*construction*" (construção) e "*lexicon*" (léxico). Ou seja: um *constructicon* nada mais é do que um enorme *léxico de construções*. No entanto, diferentemente do léxico tradicional, o *constructicon* da GC não inclui apenas palavras: ele comporta ainda expressões idiomáticas fixas, esquemas morfológicos e sintáticos semipreenchidos, esquemas sintáticos inteiramente abertos e padrões entoacionais.

Nós iniciamos este capítulo com a seguinte pergunta: de que maneira, exatamente, a GC representa o conhecimento linguístico do falante? Agora, temos a primeira parte da resposta: de acordo com a abordagem construcionista, o conhecimento linguístico é, muito simplesmente, um inventário composto de milhares de construções de diferentes tipos – em uma palavra, um *constructicon*. Preliminarmente, podemos representar – ou modelar – esse inventário da seguinte maneira:

Figura 17 – primeira tentativa de representação do *constructicon*

> ## SUJ CHUTAR o balde
>
> COPO   re + Verbo   **Entonação ascendente**
>
> **SUJ + V + OD + OI**   **Deus ajuda quem cedo madruga**
>
> **Onde já se viu + Sentença**

Na Figura 17, o *constructicon* é representado como um conjunto caótico de elementos. Note que, aqui, as construções não estão organizadas segundo algum critério reconhecível – é como se nosso conhecimento linguístico fosse um imenso quartinho de entulho, em que objetos de diferentes tipos estão empilhados sem qualquer organização. Não é assim, porém, que a GC concebe nosso conhecimento linguístico: embora esse modelo de fato trate nossa gramática mental como um grande depósito de construções, a imagem mais apropriada aqui é a de um estoque perfeitamente organizado, com objetos semelhantes agrupados nas mesmas seções.

Mas, se é assim, cabe perguntar: como exatamente as construções gramaticais estão organizadas no nosso *constructicon*? Quer dizer, se é verdade que elas estão organizadas de acordo com algum critério bem definido (e não simplesmente espalhadas sem qualquer organização), qual seria exatamente esse critério? É disso que trataremos na próxima seção.

PRINCÍPIO 2:
AS CONSTRUÇÕES GRAMATICAIS SE ORGANIZAM EM REDE

Suponha que você precise dividir em dois grupos quatro tipos de animais: o gato, a baleia, o urubu e o pardal. Muito provavelmente, você vai formar um grupo com o gato e a baleia, e outro com o urubu e o pardal. Intuitivamente, isso faz sentido: afinal, gato e baleia são mamíferos (o que significa que eles são dotados de glândulas mamárias), ao passo que o urubu e o pardal são aves (o que significa que são dotados de penas).

Ao mesmo tempo, nós sabemos que gatos e baleias são bem diferentes entre si, assim como urubus e pardais. Por exemplo: gatos vivem em ambiente terrestre e baleias são seres aquáticos; urubus são aves de grande porte e pardais, de pequeno porte. Juntando todas essas informações, podemos categorizar esses animais da seguinte maneira:

Figura 18 – categorização dos tipos de animais gato, baleia, urubu e pardal

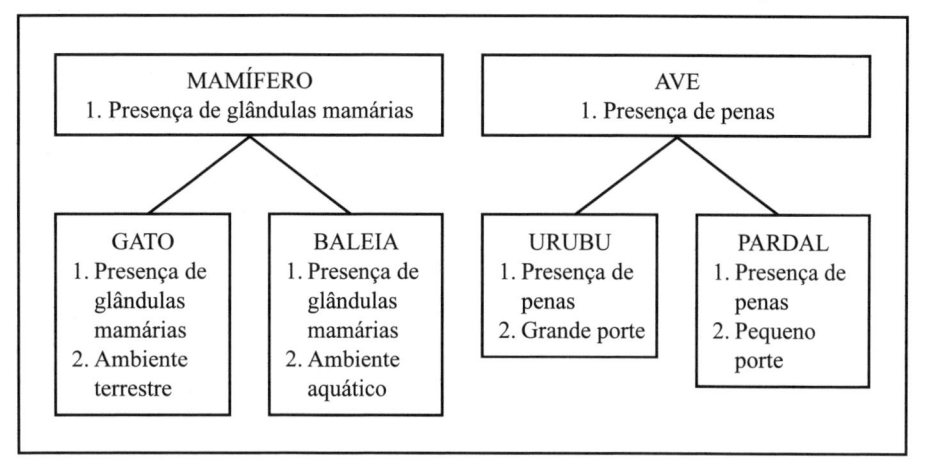

O que a Figura 18 oferece é um *esquema classificatório* para os quatro animais. Nesse esquema, você deve concordar que MAMÍFERO e AVE são *categorias*, e que gato, baleia, urubu e pardal são *membros* das suas respectivas categorias. A relação aqui, portanto, é de inclusão (ou pertencimento) categorial: a categoria MAMÍFERO inclui GATO e BALEIA, e a categoria AVE inclui URUBU e PARDAL (ou, inversamente, gato e baleia pertencem à categoria MAMÍFERO, e urubu e pardal pertencem à categoria AVE).

Até aqui, tudo muito tranquilo. Mas o que, exatamente, é uma categoria? Intuitivamente, podemos pensar nelas como caixinhas onde guardamos objetos similares. Assim, o gato e a baleia são objetos guardados na caixinha MAMÍFERO, ao passo que o urubu e o pardal são objetos guardados na caixinha AVE. A Figura 18, porém, nos ajuda a caracterizá-las de uma maneira mais precisa: como generalizações que emergem a partir da comparação entre elementos distintos.

Pense assim: se compararmos o gato e a baleia (tal como caracterizados na Figura 18), veremos que cada um deles é definido por dois traços e que um desses traços é comum a ambos (a saber, *presença de glândulas mamárias*). Com base nisso, podemos postular a categoria MAMÍFERO: uma entidade abstrata que retém apenas os traços comuns aos elementos que foram comparados. Sob essa ótica, então, você pode pensar o conceito de mamífero como um "animal abstrato", que é especificado quanto à presença de glândulas mamárias mas não quanto ao ambiente em que vive.

E o que isso tem a ver com a organização das construções gramaticais no *constructicon*? Tudo. A hipótese da GC é a de que as construções gramaticais se organizam da mesma maneira que os elementos da Figura 18. Isso equivale a propor que, no nosso inventário construcional, algumas construções que funcionam como categorias abstratas (à semelhança de MAMÍFERO e AVE na representação anterior) e outras funcionam como membros dessas categorias (à semelhança de GATO, BALEIA, URUBU e PARDAL na representação anterior). Para compreender essa analogia na prática, observe a figura a seguir.

Figura 19 – ilustração da organização do *constructicon* com as construções
<tijolão>, <mochilão> e <Radical(Nome) + ão>

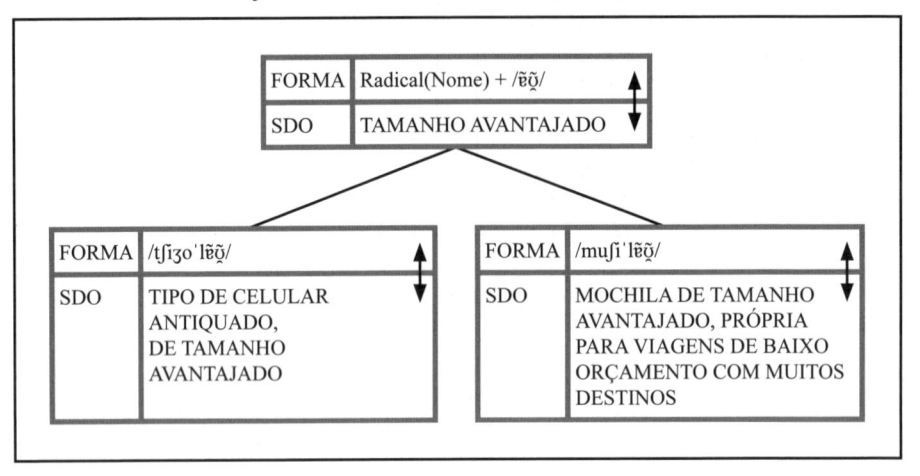

Na parte de baixo da Figura 19, temos duas construções preenchidas: <tijolão> e <mochilão>. Caso você não saiba, essas palavras designam, respectivamente, um tipo de celular antiquado, grande e pesado, e um tipo específico de mochila usada em certas viagens de baixo orçamento (também chamadas, elas próprias, de "mochilões").

Observe que essas duas construções concretas têm muito em comum: do ponto de vista da forma, ambas apresentam um radical (respectivamente, tijol-, radical do nome "tijolo", e mochil-, radical do nome "mochila") seguido do sufixo -ão. Do ponto de vista do significado, ambas incluem a ideia de TAMANHO AVANTAJADO. Isso nos permite estabelecer um *template* morfológico com a forma <Radical(Nome) + ão> e a informação semântica de TAMANHO AVANTAJADO (como você pode ver na figura). Esse *template* será, como você já sabe, uma construção semipreenchida.

Ora, você acabou de aprender que categorias podem ser pensadas como generalizações que emergem a partir da comparação entre elementos distintos (e que retêm, consequentemente, apenas os traços comuns aos elementos comparados). Se é assim, então a construção <Radical(Nome) + ão> deve ser vista como uma categoria – afinal, ela é uma generalização que emerge a partir da comparação entre <tijolão> e <mochilão>, retendo apenas os traços comuns a essas duas construções (como acabamos de ver).

A esta altura, você já entendeu aonde estamos querendo chegar. Em termos simples, a ideia é a seguinte: se a Figura 18 apresenta um esquema classificatório para os animais (agrupando-os em categorias com base nas suas afinidades), a Figura 19 apresenta um esquema classificatório para as construções (agrupando-as com base nas suas afinidades). Assim, se gato e baleia pertencem à categoria MAMÍFERO por apresentarem o traço *presença de glândulas mamárias* (e urubu e pardal pertencem à categoria AVE por apresentarem o traço *presença de penas*), <tijolão> e <mochilão> pertencem à categoria <Radical(Nome) + ão>.

Temos aqui, portanto, uma proposta bastante específica quanto à organização das construções no *constructicon*: elas estão organizadas a partir de relações de inclusão/pertencimento categorial, de maneira que algumas construções funcionam como categorias (é o caso de <Radical(Nome) + ão>) e outras funcionam como membros dessas categorias <tijolão> e <mochilão>. Assim:

Figura 20 – relações de inclusão e pertencimento categorial no *constructicon*

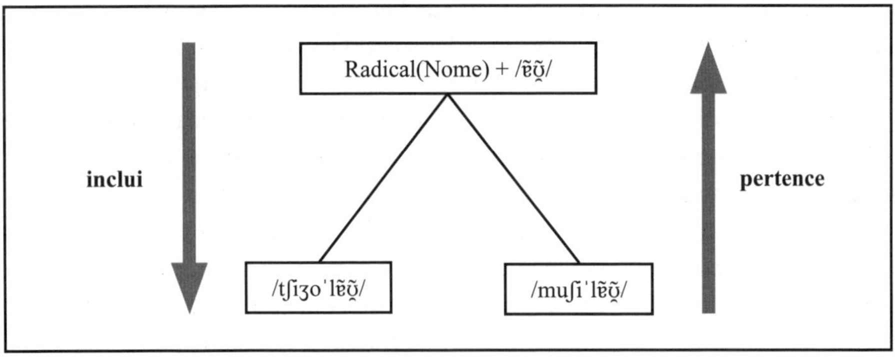

A Figura 20 mostra que, no *constructicon*, as construções estão organizadas em um esquema classificatório: a construção <Radical(Nome) + ão> tem a função de *classificar* as construções <tijolão> e <mochilão> em uma categoria. Por isso, dizemos que o *constructicon* apresenta **organização taxonômica** – o que significa, simplesmente, que as construções estão categorizadas de acordo com as suas afinidades. Nessa organização, encontramos essencialmente dois tipos de construção: as superordenadas, que funcionam como categorias, e as subordinadas, que funcionam como membros de uma categoria. Entre elas, dizemos que existe uma **relação taxonômica** – o que significa, simplesmente, que se trata de uma relação de inclusão/pertencimento categorial.

Assim, na Figura 20, diremos que as construções <tijolão> e <mochilão> são subordinadas à construção <Radical(Nome) + ão> (ou, inversamente, que está é uma **construção superordenada** em relação àquelas). A relação taxonômica entre as duas **construções subordinadas** e a construção superordenada está representada pelas linhas verticais que as conectam.

Dada a organização taxonômica do *constructicon*, é comum dizermos que ele apresenta **estrutura hierárquica**. Essa é uma outra maneira de capturar a ideia de que *nosso conhecimento linguístico se organiza em níveis*, com construções superordenadas (nível hierárquico mais alto) e construções subordinadas (nível hierárquico mais baixo). Na representação feita até aqui (Figuras 19 e 20), só aparecem dois níveis (o da construção <Radical(Nome) + ão> e o das construções <tijolão> e <mochilão>). A verdade, porém, é que as construções se organizam no *constructicon* em *múltiplos níveis hierárquicos*. Como consequência, muitas construções serão simultaneamente subordinadas (em relação as que estão acima delas) e superordenadas (em relação às que estão abaixo delas).

Para explicarem as relações entre construções nessa estrutura hierárquica, alguns gramáticos recorrem ao conceito de **herança**. Aqui, essa palavra traduz a ideia de que as construções subordinadas importariam – ou *herdariam* – traços das construções superordenadas. Por essa lógica, diremos que há relação de herança entre <tijolão> e <mochilão> (de um lado) e <Radical(Nome) + ão> (de outro) na medida em que aquelas "herdam" traços presentes nesta – por exemplo, a presença do sufixo -ão e a ideia de TAMANHO AVANTAJADO.

Como, para a GC, as construções estão ligadas umas às outras, é comum que os gramáticos construcionistas falem em **rede construcional**. A metáfora da rede, aqui, ilumina precisamente a ideia de conexão entre as construções. Pense, por exemplo, em uma rede de vôlei (ou de tênis, ou de pingue-pongue, ou de pesca...): nela, cada nó está conectado ao nó seguinte por meio de uma linha. No caso da rede construcional, a ideia é a mesma: as construções não estão "soltas no ar", mas ligadas às outras por meio de relações taxonômicas (que são representadas visualmente por linhas verticais).

A imagem a seguir ilustra os diferentes conceitos que nós estudamos nesta seção: ela mostra uma representação esquemática de uma rede construcional com três níveis, cuja estrutura hierárquica inclui tanto construções superordenadas quanto construções subordinadas. Observe:

Figura 21 – organização geral do *constructicon*

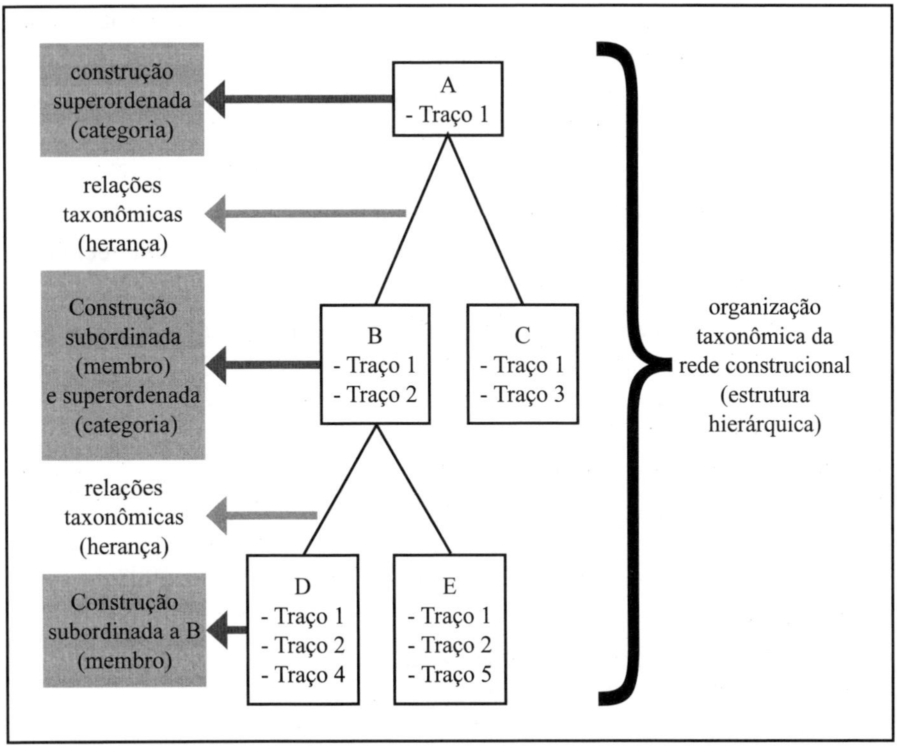

Essa imagem sintetiza tudo o que dissemos ao longo desta seção. Em particular, ela mostra que nosso conhecimento linguístico se organiza, para a GC, sob a forma de uma estrutura hierárquica com múltiplos níveis. No nível mais alto, a construção A funciona como uma macrocategoria, abrangendo construções em todos os outros níveis (assim como, digamos, ANIMAL abrange tanto MAMÍFERO quanto GATO). No nível intermediário, a construção B está subordinada à construção A (funciona como membro da categoria definida por A), mas é superordenada em relação a D e E (funciona como uma categoria na qual D e E se incluem). Isso é análogo a dizer que MAMÍFERO é um membro da categoria ANIMAL e, ao mesmo tempo, funciona como uma categoria que abarca GATO. Por fim, no nível mais baixo, as construções D e E estão subordinadas à construção B (assim como GATO e BALEIA estão incluídos na categoria mamífero). Temos, portanto, uma estrutura hierárquica do tipo A > B > D/E, que é perfeitamente análoga a ANIMAL > MAMÍFERO > GATO/BALEIA.

É importante notar que cada construção superordenada contém apenas os traços comuns a todas as suas construções subordinadas. Assim, como os traços comuns a D e E são os traços 1 e 2, esses são os dois traços que vão caracterizar a construção superordenada em relação a elas – isto é, a construção B. Da mesma maneira, como o único traço comum a B e C é o traço 1, é apenas ele que estará presente na construção superordenada A. No fim das contas, portanto, o que nós vemos é um grande esquema classificatório, em que as construções vão sendo categorizadas em múltiplos níveis: D e E são categorizadas como membros de B, e B e C são categorizadas como membros de A. É isso que confere ao *constructicon* a organização taxonômica que lhe é própria.

Ao final da seção anterior, nós vimos que, para a GC, o conhecimento linguístico do falante é um inventário de construções gramaticais (isto é, um *constructicon*). Agora, já estamos em condições de melhorar essa caracterização: na verdade, o conhecimento linguístico é um inventário *estruturado* de construções gramaticais. O adjetivo "estruturado" indica que as construções não estão "soltas", compondo uma lista de elementos independentes. Em vez disso, elas estão interconectadas, formando uma grande rede construcional que se organiza a partir de relações taxonômicas.

PRINCÍPIO 3:
AS CONSTRUÇÕES GRAMATICAIS PODEM SER COMBINADAS ENTRE SI

Imagine a seguinte situação. Você chega a uma festa e percebe que o anfitrião está desconfortável por você ter chegado muito cedo. Nesse momento, você fala assim:

(11) Acho que eu cheguei muito cedo. Melhor eu ir para casa e <u>rechegar</u> daqui a 1 hora.

Mesmo sem nunca ter se deparado com verbo "rechegar" anteriormente, você não tem qualquer dificuldade em produzi-lo. Isso, contudo, levanta uma questão importante: como você foi capaz de usar essa palavra se ela não estava, até aquele momento, armazenada no seu *constructicon*?

Para a GC, a resposta passa pela possibilidade de *integrar* (*ou combinar*) *construções gramaticais*. Essa **integração** (ou **combinação**) é um processo por meio do qual duas ou mais construções gramaticais distintas se combinam a fim de dar origem a uma sequência concreta. No caso de "rechegar", você precisou integrar as construções <re + Verbo> (um esquema morfológico semipreenchido) e <chegar> (uma palavra). Vamos representar esse processo da seguinte maneira:

Figura 22 – processo de integração das construções <re + Verbo> e "chegar"

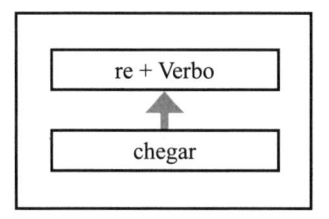

Tenha cuidado ao interpretar essa figura: o que nós temos aqui não é uma rede construcional, e sim o *processo de integração* entre duas construções. A ideia geral pode ser enunciada da seguinte forma: (i) você tem, na sua cabeça, uma vasta rede de construções (incluindo, por exemplo, <re + Verbo> e <chegar>); e (ii) em uma situação comunicativa particular, você "pega" duas ou mais dessas construções e as integra, produzindo, assim, uma sequência concreta (por exemplo, "rechegar").

No jargão da GC, as sequências concretas licenciadas pelas construções gramaticais são chamadas de **construtos**. Em termos simples, a distinção entre construção e construto reflete a oposição entre conhecimento (aquilo que está armazenado na mente do falante) e uso (o emprego efetivo de determinada sequência em uma situação particular). A ideia é simples: enquanto construções pertencem ao plano do conhecimento, construtos dizem respeito ao plano do uso. No exemplo da Figura 22, então, diremos que a integração entre duas *construções* (<re + Verbo> e <chegar>) produziu um *construto* (a forma "rechegar"). Assim:

Figura 23 – processo de integração entre as construções <chegar> e <re + Verbo>, formando o construto "rechegar"

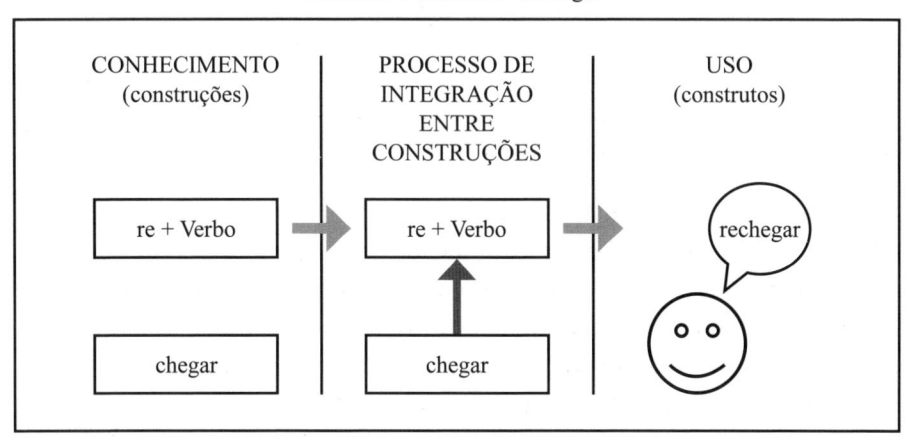

Como você pode ver, o processo de **integração de construções** resolve o problema levantado no início desta seção – afinal, ele explica como nós somos capazes de produzir e compreender usos inéditos (como a palavra "rechegar"). Ao mesmo tempo, porém, ele cria um problema novo, que pode ser formulado assim: se existe a possibilidade de integrar duas ou mais construções, o que garante que não vamos sair por aí combinando construções que não deveriam ser combinadas?

Pense o seguinte: se é verdade que nosso *constructicon* contém a construção <chegar>, também é verdade que ele contém construções como <aqui>, <mesa> e <com>. Diante disso, devemos nos fazer a seguinte pergunta: como impedir que o falante gere as sequências agramaticais "*reaqui", "*remesa" e "*recom" por meio da combinação de qualquer uma dessas três palavras com o esquema <re + Verbo>?

A resposta é simples: para que duas ou mais construções sejam integradas, *é preciso que seus traços sejam compatíveis*. Pense, mais uma vez, na construção <re + Verbo>: no seu polo formal, está especificada a informação Verbo. No caso das construções <aqui>, <mesa> e <com>, por outro lado, estão especificadas, respectivamente, as informações Advérbio, Nome e Preposição. Por isso, se você tentar inserir qualquer uma dessas palavras no *slot* aberto da construção <re + Verbo>, vai falhar miseravelmente – o resultado serão as sequências agramaticais "*reaqui", "*remesa" e "*recom". A ideia de que a integração entre construções exige compatibilidade de traços pode ser representada assim:

Figura 24 – processos bem e malsucedidos de integração
entre diferentes construções preenchidas e a construção <re + Verbo>

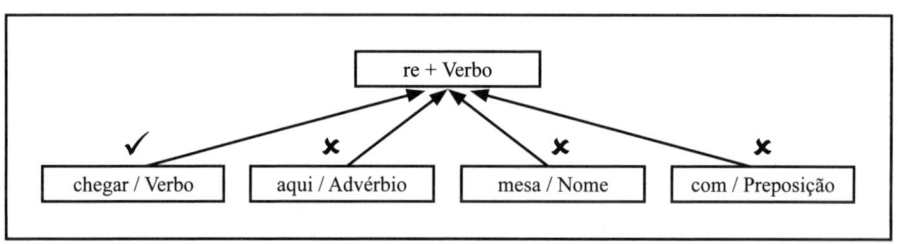

Segundo a GC, portanto, o que define a gramaticalidade ou a agramaticalidade de uma sequência é a compatibilidade entre os traços das construções a serem integradas. Assim, se tentarmos integrar construções com traços compatíveis, obteremos uma sequência gramatical; se, inversamente, tentarmos integrar construções com traços incompatíveis, o resultado será a agramaticalidade.

Em suma, o terceiro princípio definidor da GC nos ensina que não basta conhecermos um inventário estruturado de construções: é preciso saber combinar as construções contidas nesse inventário, a fim de produzir sequências concretas. E, para isso, devemos seguir um princípio simples, segundo o qual só podem ser combinadas construções cujos traços sejam compatíveis.

O TRIÂNGULO DA GC

Ao longo deste capítulo, você viu que a GC pode ser caracterizada a partir de três princípios fundamentais, a saber: (i) o conhecimento linguístico é um inventário de construções gramaticais; (ii) as construções gramaticais se organizam em rede; e (iii) as construções gramaticais podem ser combinadas entre si. Esses três princípios estão sintetizados no triângulo da GC, representado na imagem a seguir.

Figura 25 – o triângulo da GC

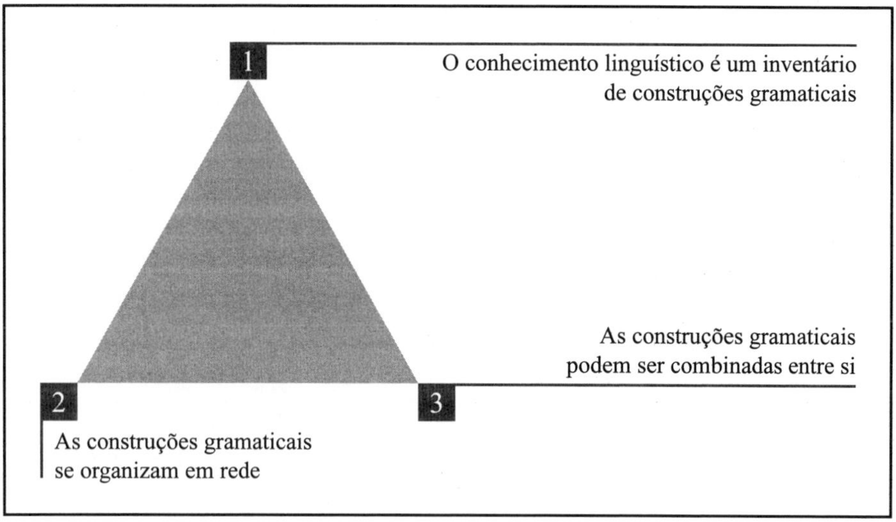

Fonte: adaptado de Pinheiro, Soares da Silva e Freitas Junior (2023).

Observe que cada princípio definidor da GC ocupa um vértice do triângulo. Destes, o pilar mais importante do modelo é o Princípio 1, representado no vértice superior. É esse princípio que define a *natureza fundamental* do conhecimento linguístico (para a GC). Uma vez que essa natureza é estabelecida, os Princípios 2 e 3 acrescentam, nessa ordem, informações sobre sua organização e sobre seu funcionamento.

Dito de outro modo, os três princípios fundamentais da GC especificam, nessa ordem, o que o conhecimento linguístico *é*; de que maneira ele *se organiza*; e como ele *funciona*. Podemos, por isso, chamá-los, respectivamente, de princípio ontológico, princípio organizacional e princípio de funcionamento. Assim:

Quadro 2 – Os três princípios fundamentais da GC

Princípio ontológico	O conhecimento linguístico é um inventário de construções gramaticais.
Princípio organizacional	As construções gramaticais se organizam em rede.
Princípio de funcionamento	As construções gramaticais podem ser combinadas entre si.

No início deste capítulo, nós nos perguntamos de que maneira a GC, na condição de um modelo científico, caracteriza o seu sistema-alvo (a saber, o conhecimento linguístico do falante). Agora, já estamos em condições de oferecer uma resposta: basta que juntemos, em uma mesma frase, os três princípios fundamentais apresentados ao longo do capítulo. Eis, então, a resposta que estávamos buscando o tempo todo: para a GC, *o conhecimento linguístico do falante é um inventário de construções gramaticais que se organizam em rede e podem ser combinadas entre si.*

SÍNTESE DO CAPÍTULO

1. Os três princípios fundamentais da GC são os seguintes: (i) o conhecimento linguístico é um inventário de construções gramaticais (princípio ontológico); (ii) as construções gramaticais se organizam em rede (princípio organizacional); e (iii) as construções gramaticais podem ser combinadas entre si (princípio de funcionamento).
2. As construções gramaticais são unidades bipolares em que informações de forma são pareadas a informações de significado.
3. A relação entre os polos da forma e do significado em uma construção gramatical é simbólica. Isso significa que o polo da forma contém informações responsáveis por evocar uma ideia, ao passo que o polo do significado contém as próprias ideias evocadas pelos elementos do polo da forma.
4. Do ponto de vista do preenchimento sonoro, as construções podem ser: totalmente preenchidas, semipreenchidas e não preenchidas.
5. O conjunto de todas as construções gramaticais que compõem o conhecimento linguístico do falante é chamado de *constructicon*.
6. O *constructicon* tem organização taxonômica (ou estrutura hierárquica), o que significa que construções mais gerais/esquemáticas definem categorias das quais as construções mais específicas são membros. A relação entre esses dois tipos de construção é chamada de relação taxonômica.

7. O *constructicon* é frequentemente referido como rede construcional, o que é uma maneira de enfatizar a ideia de que as construções contidas nele estão interconectadas (e não isoladas).

8. Para que sejam geradas sequências que não estão armazenadas na rede construcional, a GC assume que as construções podem ser integradas (ou combinadas) entre si.

9. As sequências concretamente enunciadas, que são produzidas graças ao processo de integração de construções, são chamadas de construtos.

10. No processo de integração de construções, se combinamos construções com propriedades gramaticais incompatíveis, o resultado é uma sequência agramatical; se, por outro lado, combinamos construções com propriedades gramaticais compatíveis, o resultado é uma sequência gramatical.

O conhecimento linguístico como inventário de construções

No capítulo anterior, você foi apresentado aos três princípios fundamentais da GC. A partir de agora, vamos nos aprofundar, separadamente, em cada um deles. Este capítulo será dedicado, especificamente, a um aprofundamento do Princípio 1. Nos próximos dois capítulos, nos aprofundaremos, respectivamente, nos Princípios 2 e 3.

Como você deve ser lembrar, o Princípio 1 estabelece que *o conhecimento linguístico tem a forma de um inventário de construções gramaticais*. A esta altura, você já está familiarizado com a representação adotada aqui para essas construções: caixinhas retangulares divididas por uma linha vertical, com a parte superior correspondendo ao polo da forma e a parte inferior correspondendo ao polo do significado. Além disso, conectamos esses dois polos por meio de uma seta dupla, para sinalizar que a relação entre eles é de natureza simbólica. A título de lembrete, veja uma representação esquemática da noção de construção gramatical:

Figura 26 – representação esquemática de uma construção gramatical

FORMA	*Informações relativas à forma*	↕
SIGNIFICADO	*Informações relativas ao significado*	↕

O problema dessa representação é que os conceitos de *forma* e *significado* são excessivamente amplos. Afinal, a palavra "forma" pode fazer referência a propriedades fonológicas, morfológicas ou sintáticas; e o termo "significado", de forma semelhante, abrange informações de natureza tanto semântica quanto pragmáticas.

Para contornarmos esse problema, podemos subdividir cada polo da nossa construção gramatical em diferentes níveis. Assim, o polo da forma pode discriminar, separadamente, as informações *fonológicas* e as informações *morfossintáticas*; analogamente, o polo do significado poderá distinguir, explicitamente, entre informações *semânticas* e *pragmáticas*. Dessa maneira, nossa representação ficará assim:

Figura 27 – representação esquemática de uma construção gramatical
com detalhamento dos polos da forma e do significado

FORMA **Fonologia** **Morfossintaxe**	*Informações relativas à forma fonológica* *Informações relativas à forma morfossintática*	↕
SIGNIFICADO **Semântica** **Pragmática**	*Informações relativas à denotação das formas linguísticas* *Informações relativas às funções comunicativas e condições de uso das formas linguísticas*	

Ao longo deste capítulo, nós veremos na prática como representar as construções gramaticais de acordo com esse esquema mais complexo. Para isso começaremos pelo polo da forma e, em seguida, passaremos ao polo do significado.

A FORMA DE UMA CONSTRUÇÃO GRAMATICAL: FONOLOGIA E MORFOSSINTAXE

Nesta seção, veremos que o polo formal de uma construção gramatical pode incluir dois grandes tipos de informação: aquelas relativas à *fonologia* e aquelas relativas à *morfossintaxe*.[6] No primeiro grupo, entram informações como a sequência linear de segmentos, o acento e a entonação (isto é, incluem-se informações tanto segmentais quanto prosódicas). No segundo grupo, entram informações referentes a categorias morfológicas (como Raiz e Afixo), categorias sintáticas (Nome, Verbo, Sintagma Nominal, Sentença, etc.) e relações gramaticais (complemento, adjunto, especificador), que podem ser expressas em termos de "funções sintáticas" (sujeito, objeto direto, objeto indireto etc.).

Para vermos, na prática, como isso funciona, comecemos retomando a construção <copo>, já estudada no capítulo anterior. Naquele momento, seu polo formal foi representado simplesmente como /ˈkɔpʊ/. Essa representação, no entanto, não captura tudo o que o falante sabe sobre a forma dessa palavra. Em particular, ela não captura nosso conhecimento de que "copo" é um Nome (e não, por exemplo, um Advérbio ou uma Preposição).

Mas como podemos ter certeza de que os falantes têm esse conhecimento? Simples: basta verificar de que maneiras eles usam (ou não) a palavra "copo". Nós podemos dizer, por exemplo, *A mosca ficou voando aqui*, mas nunca diríamos **A mosca ficou voando copo* (esta última frase é agramatical). O fato de que "aqui" e "copo" não podem ser usados no mesmo contexto sintático mostra que essas duas palavras pertencem a classes distintas – e nós capturamos isso dizendo que a primeira é um Advérbio e a segunda é um Nome. Moral da história: para explicar como o falante sabe que **A mosca ficou voando copo* é impossível, precisamos considerar que ele tem o conhecimento de que "copo" é um Nome (se fosse um Advérbio, a frase seria possível).

Precisamos, portanto, adicionar essa informação na nossa representação da construção <copo>. Para isso, seguindo o molde apresentado na Figura 27, faremos assim:

Figura 28 – representação da construção <copo> com detalhamento do polo formal

FORMA **Fonologia** **Morfossintaxe**	/ˈkɔpʊ/$_1$ N$_1$	
SIGNIFICADO	CONTÊINER CILÍNDRICO USADO PARA A INGESTÃO DE LÍQUIDOS	↕

Essa representação sugere que o conhecimento da palavra <copo> pode ser representado como um feixe (ou um agregado) de três tipos de informação: a forma fonológica (isto é, a cadeia de segmentos sonoros e a posição do acento), a categoria morfossintática (a informação de que se trata de um Nome, abreviadamente N) e o significado.

Note que, na figura, dois desses três níveis estão conectados por meio do índice subscrito 1: o que ele está dizendo é que existe uma correspondência entre a informação fonológica /ˈkɔpʊ/ e a informação morfossintática N (também usamos subscritos no polo do significado, mas isso ficará para a próxima seção).

Quando a construção consiste em uma única palavra, rastrear as correspondências entre índices subscritos é bastante simples. As coisas ficam mais complexas, porém, quando se trata de expressões idiomáticas. Considere, por exemplo, a construção <Camarão que dorme, a onda leva>, que nós descrevemos (informalmente) no capítulo anterior. Naquele momento, você viu que seu polo formal pode ser representado como /kama'ɾẽg̃'ki'dɔɣmɪ'a'õdə'lɛvə/. Mas, novamente, essa representação só inclui informações fonológicas. Então, é o caso de nos perguntarmos: o conhecimento do falante acerca dessa construção incluiria também informações morfossintáticas?

Certamente. Para entender esse ponto, considere as frases a seguir:

(1) Meu pai disse que acordou cedo.
(2) Carlos garantiu que a Joana estava bem.
(3) Ele me avisou que camarão que dorme, a onda leva.

Com base nesses exemplos, podemos postular a existência de uma construção esquemática com a forma <Sujeito + Verbo + que + Sentença>: isto é, um *template* sintático-semântico que contém um sujeito, um verbo transitivo e um objeto direto oracional introduzido por "que". Muito bem: o exemplo (3) mostra que a construção preenchida <Camarão que dorme, a onda leva> pode ser inserida no último *slot* dessa construção esquemática. Como você já deve ter adivinhado, isso é possível porque (i) esse *slot* especifica que ali só podem entrar sentenças; e (ii) a construção <Camarão que dorme, a onda leva> se qualifica como uma sentença. Se, por exemplo, tentássemos encaixar, nesse mesmo *slot*, a construção <o> – que é morfossintaticamente um Determinante, e não uma Sentença –, obteríamos um resultado agramatical (*Ele me avisou que o*).

Essa reflexão nos ensina o seguinte: para saber que a construção preenchida <Camarão que dorme, a onda leva> pode se combinar ao último *slot* da nossa construção esquemática, precisamos ter a informação de que essa sequência é, morfossintaticamente, uma Sentença (S). Por isso, essa informação deve ser incluída na representação, que ficará assim:

Figura 29 – primeira representação da construção <Camarão que dorme, a onda leva> com detalhamento do polo formal

FORMA **Fonologia** **Morfossintaxe**	/kama'ɾẽg̃'ki'dɔɣmɪa'õdə'lɛvə/$_1$ S_1	
SIGNIFICADO	ACONTECIMENTOS INESPERADOS AFETAM NEGATIVAMENTE PESSOAS DESPREVENIDAS	

Mas isso não é tudo. Por mais que essa construção seja armazenada (no nosso *constructicon*) como um todo invariável, isso não significa que nós não sejamos capazes de atribuir a ela uma estrutura sintática. Na verdade, é fácil verificar que "Camarão que dorme, a onda leva" tem a mesma estrutura sintática das sentenças (4) e (5) a seguir.

(4)   O bolo, o João comeu.
(5)   A carteira, eles roubaram.

Nesses dois casos, e também em "Camarão que dorme, a onda leva", temos inicialmente um Objeto Direto ("O bolo", "A carteira" e "Camarão que dorme") seguido, nessa ordem, por um Sujeito ("o João, "eles" e "a onda") e um Verbo ("comeu", "roubaram" e "leva"). Isso significa que, além saber que a construção como um todo é uma sentença, nós conhecemos sua estrutura sintática interna – isto é, sabemos, por exemplo, qual é o sujeito e qual é o complemento da frase.

E como podemos especificar esse conhecimento na representação da construção? Uma maneira é especificar os *constituintes* que compõem a sentença, isto é, os tipos de sintagma que a constituem. Na linha referente a esse tipo de informação, vamos usar colchetes. Assim:

Figura 30 – segunda representação da construção <Camarão que dorme, a onda leva>
com detalhamento do polo formal

FORMA **Fonologia** **Morfossintaxe**	/kama'r̃ẽg̃'ki'dɔɣmı₁a'õdə₂'lɛvə₃/₄ [SN₁ SN₂ V₃]₍S4₎	↕
SIGNIFICADO	ACONTECIMENTOS INESPERADOS AFETAM NEGATIVAMENTE PESSOAS DESPREVENIDAS	

Nessa nova representação, temos a informação de que a construção é formada por um primeiro Sintagma Nominal (que vem a ser "Camarão que dorme"), outro Sintagma Nominal ("a onda") um Verbo ("leva"). Além disso, sabemos que o todo corresponde a uma Sentença (conforme indicado pelo S subscrito). Isso significa que, embora a construção seja fixa, ela não é sintaticamente inanalisável: o falante sabe que sua estrutura interna é análoga à de uma sentença como "O bolo, o João comeu".

Se quisermos (e isso é bastante comum em GC), também podemos indicar as relações gramaticais entre os constituintes da sentença por meio das "funções sintáticas" tradicionais – isto é, sujeito, objeto direto, objeto indireto, etc. Neste caso, então, podemos explicitar que o primeiro SN funciona como um Objeto Direto (OD), ao passo que o segundo SN funciona como Sujeito (SUJ). Na figura a seguir, essas informações são acrescentadas à representação da construção.

Figura 31 – terceira representação da construção <Camarão que dorme, a onda leva> com detalhamento do polo formal

FORMA **Fonologia** **Morfossintaxe**	/kama'ɾẽɠ'ki'dɔɣmɪ₁a'õdə₂'lɛvə₃/₄ [SN₁ SN₂ V₃]$_{S4}$ SUJ₂ OD₁	↕
SIGNIFICADO	ACONTECIMENTOS INESPERADOS AFETAM NEGATIVAMENTE PESSOAS DESPREVENIDAS	

Aqui, então, temos duas linhas dedicadas às informações morfossintáticas: a primeira apresenta as *categorias sintáticas* (na ordem: SN, SN, V), enquanto a segunda especifica *relações gramaticais* (na ordem: SUJ e OD). Além disso, note que as três linhas que compõem o polo da forma estão conectadas por meio de índices subscritos: o índice 1 nos informa que o elemento fonológico /kama'ɾẽɠ'ki'dɔfimɪ/ corresponde morfossintaticamente a um SN Objeto Direto; o índice 2 nos diz que o elemento fonológico /a'õdə/ corresponde morfossintaticamente a um SN Sujeito; o índice 3 nos mostra que o elemento fonológico /'lɛvə/ corresponde morfossintaticamente a um Verbo; e, por fim, o índice 4 nos informa que a sequência fonológica completa corresponde morfossintaticamente a uma Sentença.

Tanto <copo>, de um lado, quanto <Camarão que dorme, a onda leva>, de outro, são construções inteiramente preenchidas (isto é, sem qualquer *slot* aberto). No entanto, o mesmo tipo de representação detalhada do polo formal pode ser estendido às construções semipreenchidas. Para ver como isso funciona, considere, novamente, a nossa construção morfológica <re + Verbo>. Se aplicarmos a ela o formato representacional proposto neste capítulo, obteremos o seguinte:

Figura 32 – representação da construção <re + Verbo> com detalhamento do polo formal

FORMA **Fonologia** **Morfossintaxe**	/xe₁ + A₂/₃ [AFX₁ V₂]V₃	↕
SIGNIFICADO	REPETIÇÃO	

No capítulo anterior, nós representamos essa construção como /xe/ + Verbo – isto é, colocamos na mesma linha uma informação fonológica (/xe/) e uma informação morfossintática (V). Agora, seguindo o espírito geral deste capítulo, estamos separando essas informações em linhas distintas: assim, a primeira linha traz apenas informações fonológicas e a segunda exibe apenas informações morfossintáticas.

Vamos agora explorar passo a passo a representação da Figura 32. Aqui, o primeiro componente formal que nós encontramos é a sequência /xe/. Veja que você deve interpretá-la, muito simplesmente, como uma *sequência de segmentos sonoros*. Isto é: a representação fonológica não nos diz que essa sequência é um afixo, nem que ela expressa ideia de repetição. Essas informações aparecerão em outros "locais" da representação construcional – respectivamente, a linha correspondente à morfossintaxe e o polo do significado.

Ao lado do /xe/, temos um A maiúsculo. Mas você já sabe que essa construção só especifica, como elementos fonológico, os segmentos /x/ e /e/ – o restante é um *slot* aberto, que pode ser preenchido por diferentes palavras. Se é assim, o que esse A está fazendo aí?

Resposta: esse A aqui é uma variável (aquilo que, nas aulas de matemática, o professor chamava de "incógnita"), que funciona como um "guardador de lugar" (em inglês, "*place holder*"). Ele especifica que, naquela posição linear (imediatamente após o /xe/), existe *algum* elemento fonológico (um ou mais segmentos). Devemos representá-lo ali, portanto, porque, se não o fizéssemos, estaríamos dizendo que a construção licencia construtos sem nenhum segmento após o /xe/ – o que evidentemente não é o caso (podemos dizer que João "refez", "repensou" ou "reanalisou", mas não que "o João re"). A variável A, então, deve ser lida como "algum elemento fonológico (não especificado)".

Se, do ponto de vista fonológico, essa construção tem a forma /xe/ + A, a linha seguinte nos mostra que, do ponto de vista morfossintático, ela tem a forma Afixo (AFX) + V (Verbo). Além disso, como você pode ver, o bloco formado pela soma do Afixo com o Verbo corresponde, ele próprio, a um Verbo. Sabemos disso porque, após os colchetes que delimitam esse bloco, há um V subscrito. Então, cuidado para não se perder: o primeiro V (antes dos colchetes) nos diz que o elemento que se segue ao Afixo deve ser um Verbo, enquanto o segundo (subscrito, após os colchetes) nos diz que o todo também é um Verbo (em termos concretos: em "reler", tanto "ler" quanto "reler" são verbos).

Até aqui, o que nós fizemos foi descrever as formas fonológica e morfossintática da construção. Mas, como você já sabe, isso não basta: precisamos ainda *conectar* esses dois níveis, mostrando as correspondências entre eles. Para isso, devemos recorrer, mais uma vez, aos índices subscritos: assim, o 1 nos mostra que o elemento fonológico específico /xe/ corresponde a um Afixo; o 2 nos mostra que o elemento fonológico inespecífico A corresponde a um Verbo; e o 3 nos mostra que a sequência fonológica completa (/xe + A/) também corresponde a um Verbo.

Ótimo. Até aqui, já detalhamos a representação do polo formal da palavra <copo>, da expressão <Camarão que dorme, a onda leva> e do esquema morfológico <re + Verbo>. Entretanto, o que dizer das construções semipreenchidas de nível sintático, como <SUJ CHUTAR o balde> e <é bom + Oração Subordinada>? Para fins de exemplificação, vamos explorar aqui a representação da segunda, que pode ser ilustrada pelos seguintes construtos:

(6) a. É bom você falar direito comigo!
     b. É bom ele tratar minha mulher direito!
     c. E é bom você me pagar logo o que deve, ou eu chamo a polícia!

No capítulo anterior, nós dissemos que o polo formal dessa construção inclui a sequência /'ɛ'bõg̃/ e uma Oração Subordinada. Agora, podemos refinar essa análise, da seguinte maneira:

Figura 33 – representação da construção <é bom + Oração Subordinada>
com detalhamento do polo formal

FORMA **Fonologia** **Morfossintaxe**	/'ɛ'bõg̃$_1$ + A$_2$/$_3$ [Oração Matriz$_1$ [Oração Subordinada$_2$]]$_{S3}$	$\updownarrow$
SIGNIFICADO	AMEAÇA PARA QUE UM INDIVÍDUO TENHA DETERMINADO COMPORTAMENTO	

Aqui, temos uma sequência fonológica fixa (/'ɛ'bõg̃/) que corresponde, morfossintaticamente, a uma Oração Matriz (como indica o índice 1). Além disso, temos uma sequência fonológica inespecífica, representada pela letra A, que corresponde, morfossintaticamente, a uma Oração Subordinada (como indica o índice 2). E, por fim, vemos que a sequência fonológica completa (incluindo a parte fixa e a parte variável) corresponde, morfossintaticamente, a uma Sentença (representada pela letra S após o último colchete), como indicado pelo índice 3.

Até agora, porém, nós só representamos, neste capítulo, construções com algum grau de preenchimento sonoro. Mas o que dizer de construções totalmente abertas, como o padrão bitransitivo estudado no capítulo anterior?

Caso você não se lembre, a Construção Bitransitiva licencia construtos como "João deu uma flor para Maria" e "Carlos emprestou dinheiro aos inimigos". No que diz respeito à forma, o que esses construtos têm em comum é sua estrutura sintática: em todos os casos, temos um SN Sujeito, um Verbo, um SN Objeto Direto um SP Objeto Indireto. Apesar disso, é preciso indicar de que esses elementos sintáticos devem corresponder a *alguma* sequência fonológica (ainda que ela seja inespecífica). Fazemos isso da seguinte maneira:

Figura 34 – segunda representação da Construção Bitransitiva com detalhamento do polo formal

FORMA **Fonologia** **Morfossintaxe**	$//A_1 \quad //B_2 \quad C_3/ \quad D_4//_5/_6$ $[SN_1 \quad [[V_2 \quad SN_3] \quad SP_4]_{SV5}]_{S6}$ $SUJ_1 \qquad\qquad OD_3 \quad OI_4$	
SIGNIFICADO	TRANSFERÊNCIA DE POSSE	$\updownarrow$

Nessa representação, temos quatro elementos fonológicos inespecíficos (A, B, C e D), cada um correspondendo a uma categoria morfossintática (respectivamente, SN, V, SN e SP, como mostram os índices subscritos 1, 2, 3 e 4, nessa ordem). Observe ainda que o primeiro SN corresponde ao Sujeito (como mostra o índice 1), o segundo SN corresponde ao Objeto Direto (como mostra o índice 3) e o SP corresponde ao Objeto Indireto (como mostra o índice 4). E, por fim, veja que a sequência fonológica /B C D/ corresponde, morfossintaticamente, a um Sintagma Verbal (como mostra o índice 5) e que a sequência fonológica completa (/A B C D/) corresponde, morfossintaticamente, a uma Sentença (como mostra o índice 6).

No capítulo anterior, quando estávamos estudando exemplos de construções gramaticais com diferentes graus de preenchimento, vimos que não é apenas o conhecimento sintático que pode ser representado por meio de construções totalmente abertas: isso também ocorre, por exemplo, com construções prosódicas. Para ilustrar essa possibilidade, usei como exemplo a Construção Interrogativa Sim/Não. O ponto fundamental aqui é que, no português brasileiro, parece haver uma associação estável entre (de um lado) a entonação ascendente e (de outro) a ideia de que o falante está fazendo uma pergunta. Mas como podemos caracterizar de maneira mais detalhada o polo da forma dessa construção?

Para isso, temos de nos basear em estudos que tenham buscado descrever a configuração prosódica de sentenças interrogativas sim/não. Um desses estudos, cujo foco foi especificamente o PB, foi conduzido pelo linguista João Moraes (Moraes, 2008). Nele, o autor defende que as interrogativas sim/não do PB são caracterizadas por uma elevação na primeira sílaba tônica da sentença, seguida de uma queda contínua até a última sílaba pretônica, seguida na uma nova elevação na última sílaba tônica. Fica mais fácil visualizar esse contorno entoacional na imagem abaixo, que representa a realização da frase "Renata jogava":

Figura 35 – a sentença "Renata jogava" enunciada como uma interrogativa sim/não

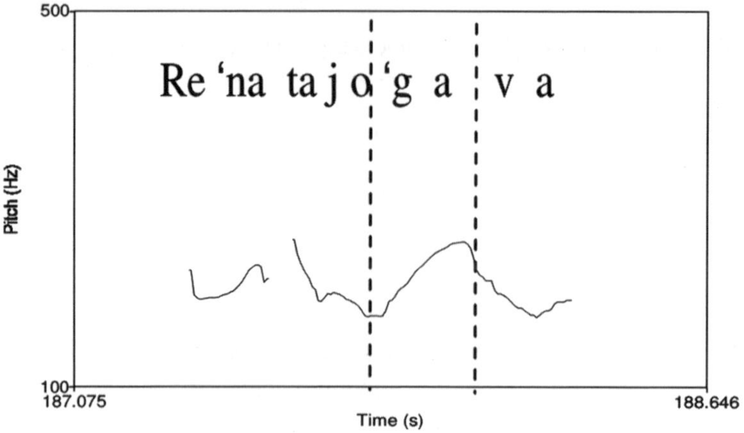

Fonte: Moraes (2008)

Aqui, nós vemos uma elevação melódica se iniciando na sílaba "Re" e uma queda se iniciando logo após a sílaba tônica "na". Logo depois, no início da tônica "ga", temos uma nova elevação, mais acentuada. Usando convenções próprias do campo da prosódia, Moraes (2008) representa esses dois momentos assim: /L+H*/ (ou seja, passagem de um tom baixo, L, para um tom alto, H) e /L+<H* L%/ (ou seja, baixo, alto e baixo novamente). A tal "entonação ascendente" das perguntas, portanto, parece consistir, na verdade, em dois momentos distintos de elevação, sendo o mais acentuado o da última sílaba tônica. Se é assim, podemos representar o polo da forma da Construção Interrogativa Sim/Não da seguinte maneira:

Figura 36 – representação da Construção Interrogativa Sim/Não

FORMA **Fonologia**	/L+H* L+<H* L%/	↕
SIGNIFICADO	PERGUNTA	

Como você pode ver, existem apenas duas diferenças entre a representação dessa construção na Figura 36 e a representação que apareceu no capítulo anterior (especificamente, na Figura 15): o detalhamento maior da ideia excessivamente genérica de "entonação ascendente" e a especificação de que essa informação formal é de natureza fonológica. Evidentemente, ainda precisamos detalhar melhor o próprio polo do significado – mas isso, como você já sabe, ficará para a próxima seção.

Som, sinal e forma ortográfica

Você já aprendeu que o polo da forma de uma construção gramatical inclui informações fonológicas. Muito embora essa afirmação esteja correta, ela requer duas ressalvas importantes, a fim de afastar o risco de interpretações indevidas.

Em primeiro lugar, quando falamos em "fonologia", isso também inclui as línguas sinalizadas. A diferença, nesse caso, é que a representação da construção especificará não um som, mas uma imagem visual. Por exemplo: se, em português, a forma sonora /ˈkɔpʊ/ está associada ao significado CONTÊINER CILÍNDRICO USADO PARA A INGESTÃO DE LÍQUIDOS, na Língua Brasileira de Sinais (Libras), esse mesmo significado está associado a determinada forma visual. Essa construção da Libras pode ser representada da seguinte maneira:

FORMA	
Fonologia Morfossintaxe N_1	
SIGNIFICADO	CONTÊINER CILÍNDRICO USADO PARA A INGESTÃO DE LÍQUIDOS

Em segundo lugar, vale observar que, quando uma pessoa é alfabetizada, ela acrescenta mais um nível à sua representação construcional: para além da forma fonológica da construção, ela passa a conhecer também a sua forma ortográfica. Neste livro, não vamos representar o conhecimento ortográfico, mas poderíamos fazer isso, se desejássemos. Veja:

FORMA Fonologia Ortografia Morfossintaxe	/ˈkɔpʊ/₁ copo₁ N₁
SIGNIFICADO	contêiner cilíndrico usado para a ingestão de líquidos

FORMA **Fonologia** **Ortografia** **Morfossintaxe**	$/\text{ˈkɔpʊ}/_1$ copo_1 N_1
SIGNIFICADO	contêiner cilíndrico usado para a ingestão de líquidos

O SIGNIFICADO DE UMA CONSTRUÇÃO GRAMATICAL: SEMÂNTICA E PRAGMÁTICA

No início deste capítulo, nós vimos que o polo do significado de uma construção gramatical pode incluir tanto informações *semânticas* quanto informações *pragmáticas*. Para começar a entender essa diferença, pense na frase a seguir.

(7) Eu vou falar com a sua mãe.

Qual é o significado dessa frase? Provavelmente, você pensou em algo como O FALANTE VAI, NO FUTURO, SE ENGAJAR EM UM INTERCÂMBIO VERBAL COM A MÃE DO INTERLOCUTOR. Guarde essa formulação com você, porque vamos precisar dela daqui a pouco.

Agora, imagine essa mesma sentença sendo enunciada em dois contextos diferentes. Primeiro contexto: um menino pede ao pai que convença sua mãe a deixá-lo dormir na casa de um amigo. O pai inicialmente reluta, mas ao final acaba cedendo e diz: "Eu vou falar com a sua mãe. Converso com ela assim que ela chegar".

Segundo contexto: o mesmo menino pede ao pai que não conte à sua mãe que ele se comportou mal. O pai inicialmente concorda, mas a criança segue com os mesmos comportamentos inapropriados. A certa altura, o pai estoura e diz: "Se você não parar com isso, eu vou falar com a sua mãe".

Nos dois contextos, a frase "eu vou falar com a sua mãe" evoca o significado formulado anteriormente – isto é, a ideia de que O FALANTE VAI, NO FUTURO, SE ENGAJAR EM UM INTERCÂMBIO VERBAL COM A MÃE DO INTERLOCUTOR. Ao mesmo tempo, porém, nós sentimos que há uma diferença clara entre os dois contextos. Essa diferença pode ser caracterizada assim: no primeiro caso, o falante está fazendo uma *promessa* (ele se compromete a realizar a ação denotada pela sentença – isto é, a ação de falar com a mãe da criança –, o que é percebido como benéfico para o interlocutor), ao passo que, no segundo, ele está fazendo uma *ameaça* (ele comunica que, caso a situação presente não se modifique, vai realizar a ação denotada pela sentença, o que é percebido como prejudicial ao interlocutor).

Se é assim, podemos dar duas respostas diferentes para a pergunta "o que a frase (7) significa"? De um lado, ela significa (nos dois contextos) que O FALANTE VAI, NO FUTURO, SE ENGAJAR EM UM INTERCÂMBIO VERBAL COM A MÃE DO INTERLOCUTOR; de outro, ela significa que O FALANTE ESTÁ FAZENDO UMA PROMESSA (no primeiro contexto) ou que O FALANTE ESTÁ FAZENDO UMA AMEAÇA (no segundo contexto).

O que essa distinção nos mostra é que parece ser possível fazer duas coisas diferentes com as formas linguísticas. Uma possibilidade é usar palavras e expressões para evocar, na mente do interlocutor, a ideia de alguma entidade, qualidade, circunstância ou situação do mundo extralinguístico. Por exemplo, podemos usar a palavra "copo" para evocar a ideia de um CONTÊINER CILÍNDRICO USADO PARA A INGESTÃO DE LÍQUIDOS; podemos usar a sequência "bola vermelha" para evocar a imagem de um objeto esférico com uma coloração específica; e podemos usar a frase em (7) para evocar a ideia de que O FALANTE VAI, NO FUTURO, SE ENGAJAR EM UM INTERCÂMBIO CONVERSACIONAL COM A MÃE DO INTERLOCUTOR. Nesses casos, então, diremos que a forma linguística é usada para *denotar* (ou representar) alguma ideia do mundo extralinguístico.

A segunda possibilidade é usar as formas linguísticas para realizar uma *função comunicativa*. Quando falamos em função comunicativa, não estamos pensando que a forma "denota" algum conceito mental: estamos pensando que ela é usada, pelo falante, para *fazer alguma coisa* (isto é, realizar uma ação) em uma situação comunicativa concreta. Assim, a sequência de palavras em (7) pode ser usada para *fazer uma promessa* (no primeiro contexto) ou para *fazer uma ameaça* (no segundo contexto).

Essa discussão nos permite estabelecer uma diferença entre *significados denotacionais ou representacionais* (que dizem respeito ao conceito mental evocado por um dado elemento) e *funções comunicativas* (que dizem respeito às ações concretas realizadas por meio de uma enunciação). No caso de (7), a ideia de que O FALANTE VAI, NO FUTURO, SE ENGAJAR EM UM INTERCÂMBIO CONVERSACIONAL COM A MÃE DO INTERLOCUTOR corresponde a um significado denotacional; já as ações de *prometer* e *ameaçar* são funções comunicativas.

Agora que você já entendeu essa diferença, já pode compreender a distinção entre semântica e pragmática. Em poucas palavras, a semântica se ocupa de significados denotacionais (logo, o fato de que (7) significa que O FALANTE VAI,

NO FUTURO, SE ENGAJAR EM UM INTERCÂMBIO CONVERSACIONAL COM A MÃE DO INTERLOCUTOR diz respeito à semântica), ao passo que a pragmática se ocupa das funções comunicativas (logo, o fato de que (7) pode ser usado para fazer uma promessa ou uma ameaça diz respeito à pragmática).

Com essa explicação, já estamos em condições de retornar ao início desta seção. Naquele momento, nós vimos que o polo do significado de uma construção gramatical pode conter tanto informações *semânticas* quanto informações *pragmáticas*. Agora, você já tem condições de entender essa afirmação: o que isso significa, na prática, é que o polo do significado pode incluir tanto informações sobre o significado denotacional de uma construção quanto informações sobre as suas funções comunicativas.[7]

Vamos ver como isso funciona na prática, começando pela nossa construção <copo>. No primeiro capítulo, nós incluímos, no polo do significado, a informação CONTÊINER CILÍNDRICO USADO PARA A INGESTÃO DE LÍQUIDOS. Agora, você já sabe que essa informação é, especificamente, de natureza semântica: afinal, ela diz respeito ao conceito mental denotado pela forma /ˈkɔpʊ/. Podemos, então, representar a construção assim:

Figura 37 – representação da construção <copo>
com detalhamento do polo do significado

FORMA **Fonologia** **Morfossintaxe**	/ˈkɔpʊ/$_1$ N$_1$	$\updownarrow$
SIGNIFICADO **Semântica**	CONTÊINER CILÍNDRICO USADO PARA A INGESTÃO DE LÍQUIDOS$_1$	

Note que agora temos um índice subscrito em ambos os polos – isto é, o índice 1 está nos informando que o elemento fonológico /ˈkɔpʊ/ corresponde morfossintaticamente a um Nome e, semanticamente, ao conceito CONTÊINER CILÍNDRICO USADO PARA A INGESTÃO DE LÍQUIDOS. A construção é, portanto, um feixe (ou um agregado) de três informações devidamente alinhadas: uma informação fonológica, uma informação morfossintática e uma informação semântica. (Ou, mais precisamente, um agregado de dois grandes tipos de informações – forma e significado –, dos quais um se divide adicionalmente em dois subtipos.)

Ao mesmo tempo, observe que a construção <copo>, em si mesma, não apresenta qualquer informação de natureza pragmática. É claro que essa palavra pode ser usada concretamente pelo falante para fazer várias coisas, a depender do contexto – por exemplo, posso usá-la para *ordenar* a alguém que me passe um copo ou para *sugerir* que alguém escolha o copo (em detrimento, digamos, de uma garrafa). E esse é exatamente o ponto: se essa construção pode ser usada para uma diversidade de funções comunicativas, não podemos considerar que qualquer função comunicativa esteja diretamente especificada no seu polo do significado. Dito de outro modo, a forma /ˈkɔpʊ/ é especializada em denotar um conceito, mas não em realizar alguma função comunicativa específica – e é por isso que, se você reparar, a Figura 37 inclui, no polo do significado, informações semânticas, mas não informações pragmáticas.

E o que dizer de expressões fixas, como <Camarão que dorme, a onda leva>? No capítulo anterior, nós representamos informalmente o significado dessa construção como ACONTECIMENTOS INESPERADOS AFETAM NEGATIVAMENTE PESSOAS DESPREVENIDAS. O interessante, porém, é que, nesse caso, há correlações claras entre os componentes do polo da forma e os componentes do polo do significado. Isso pode ser visto na representação a seguir.

Figura 38 – representação da construção <Camarão que dorme, a onda leva> com detalhamento do polo do significado

FORMA **Fonologia** **Morfossintaxe**	/kamaˈɾẽɲkiˈdɔɣmɪ₁aˈõdə₂ˈlɛvə₃/₄ [SN₁ SN₂ V₃]ₛ₄ SUJ₂ OD₁	
SIGNIFICADO **Semântica**	'ACONTECIMENTOS INESPERADOS₂ AFETAM NEGATIVAMENTE₃ PESSOAS DESPREVENIDAS₁'₄	

O polo da forma dessa construção já foi detalhado na seção anterior; a novidade aqui, portanto, é o polo do significado. O que nós vemos, neste caso, é que o significado não é um todo indivisível: na verdade, ele é formado por componentes semânticos menores, que podem ser associados a componentes fonológicos e morfossintáticos específicos. Em termos concretos: nós não entendemos, simplesmente, que a sequência completa (<Camarão que dorme, a onda leva>) expressa a ideia de que ACONTECIMENTOS INESPERADOS AFETAM NEGATIVAMENTE PESSOAS DESPREVENIIDAS. Em vez disso, associamos cada componente formal a um componente semântico distinto. Isto é, somos capazes de compreender que "a onda" corresponde a ACONTECIMENTOS INESPERADOS; que a forma verbal "leva" expressa a ideia de AFETAÇÃO NEGATIVA; e que o "camarão que dorme" corresponde às PESSOAS DESPREVENIDAS.

Para representarmos essa ideia, nós usamos índices subscritos. Especificamente, esses índices mostram que o falante estabelece uma conexão entre (i) a forma fonológica /kamaˈr̃ẽŋkiˈdɔfimɪ/, a forma morfossintática SN Objeto Direto e o significado PESSOAS DESPREVENIDAS (índice 1); (ii) a forma fonológica /aˈõdə/, a forma morfossintática SN Sujeito e o significado ACONTECIMENTOS INESPERADOS (índice 2); e (iii) a forma fonológica /ˈlɛvə/, a forma morfossintática Verbo e o significado AFETA NEGATIVAMENTE (índice 3). Além disso, a sequência fonológica corresponde morfossintaticamente a uma sentença e semanticamente à proposição ACONTECIMENTOS INESPERADOS AFETAM NEGATIVAMENTE PESSOAS DESPREVENIIDAS (índice 4).

Note que a Figura 38 introduziu uma inovação formal: as aspas simples, que aparecem no início e no fim da representação do significado. Elas são úteis para separar visualmente o penúltimo índice subscrito, que corresponde a um componente do significado, do último índice, que corresponde ao significado completo.

Dado que nós já representamos duas construções inteiramente preenchidas, vamos ver agora como lidar com construções semipreenchidas. Para isso, comecemos com a construção morfológica <re + Verbo>:

Figura 39 – representação da construção <re + Verbo >
com detalhamento do polo do significado

FORMA **Fonologia** **Morfossintaxe**	$/xe_1 + A_2/_3$ $[AFX_1\ V_2]v_3$	$\updownarrow$
SIGNIFICADO **Semântica**	'REPETIÇÃO$_1$ DE UMA SITUAÇÃO$_2$'$_3$	

No capítulo anterior e na primeira seção deste capítulo, nós representamos o polo do significado da construção <re + Verbo> simplesmente como REPETIÇÃO. Mas, evidentemente, para que exista repetição, é preciso que haja *alguma coisa* que se repete. Por exemplo, em <reler>, o que se repete é o ato de ler; em <reabastecer>, o que se repete é o ato de abastecer; e por aí vai. Então, agora que estamos detalhando o polo do significado, podemos explicitar essa ideia por meio da formulação REPETIÇÃO DE UMA SITUAÇÃO.

Essa explicitação tem uma grande vantagem: nos permite conectar todos os elementos da forma a algum elemento do significado. Observe: a sequência fonológica específica /xe/, que morfossintaticamente corresponde a um afixo, expressa a ideia de REPETIÇÃO (como indicado pelo índice 1); a sequência fonológica inespecífica A, que morfossintaticamente corresponde a um Verbo, expressa a ideia de SITUAÇÃO (conforme indicado pelo índice 2); e a sequência fonológica completa, que morfossintaticamente também é um Verbo, corresponde ao significado completo, isto é, a ideia de REPETIÇÃO DE UMA SITUAÇÃO (conforme indicado pelo índice 3).

Mas aqui há um problema – e ele tem a ver com o conceito de "situação". No campo da semântica, "situação" é um termo usado para fazer referência, genericamente, a qualquer tipo de cenário que pode ser descrito linguisticamente. Isso significa que esse termo engloba tanto estados (isto é, cenas estáticas, como em "João está em casa") quanto situações dinâmicas (isto é, compostas por mais de uma fase, como em "Carlos dirigiu até São Paulo").[8] O problema aqui é que nem todo tipo de situação parece ser compatível com a construção <re + Verbo>: por exemplo, a combinação dos verbos de estado "estar" e "saber" com essa construção resulta em formas agramaticais (*re-estar e *ressaber, respectivamente).

Para resolver esse problema, o primeiro passo é conhecer todos os tipos possíveis de situação. Uma proposta bastante popular em Semântica consiste em reconhecer exatamente quatro tipos: estados, atividades, *accomplishments* e *achievements*. Simplificadamente, estados são situações estáticas, sem fases internas (por exemplo, "estar no Rio de Janeiro"); atividades são processos que se desenrolam no tempo, mas não têm um fim inerente (por exemplo, "correr"); *accomplishments* são processos que se desenrolam no tempo e têm um fim inerente (por exemplo, "correr um quilômetro", "desenhar um círculo"); e *achievements* são eventos pontuais, que envolvem uma mudança de estado instantânea ("chegar ao topo", "ganhar a corrida").[9] Ao que tudo indica, se recorrermos a esses conceitos, conseguiremos resolver o nosso problema de supergeneralização (isto é, de licenciamento de construtos inaceitáveis).

A proposta que eu vou resumir aqui está desenvolvida em um artigo de Meirelles e Cançado (2014). A principal sugestão das autoras é a de que o prefixo re- só pode ser combinando facilmente com verbos de *accomplishment* e de *achievement*. Isso explicaria a agramaticalidade de *re-estar* ("estar" é um verbo de estado) e de *redançar* ("dançar" é um verbo de atividade), ao mesmo tempo que explicaria a gramaticalidade de *reformular* ("formular" é um verbo de *accomplishment*) e de *recapturar* ("capturar" é um verbo de *achievement*).

Para além disso, elas argumentam que verbos de atividade podem se combinar com o prefixo re- quando denotam um evento que apresenta um fim inerente. Isto é: eu não posso dizer *Eles redançaram* e *Henrique re-escreveu o dia todo* (porque nesses casos estamos lidando com predicados de atividade, sem fim inerente), mas posso dizer *Eles redançaram o segundo número* e *Henrique reescreveu a carta* (porque agora esses verbos integram predicados que denotam eventos com um fim inerente). O que tudo isso sugere, no fim das contas, é que o prefixo re- só aceita participar de predicados que denotem uma situação dinâmica com fim inerente – quer isso signifique se unir a verbo de *accomplishment*, se unir a um verbo de *achievement* ou se unir a um verbo de atividade em contextos em que o evento denotado apresenta um fim inerente.

Supondo que essa proposta esteja correta, podemos introduzir uma modificação na nossa representação da construção <re + Verbo>: em vez de dizermos que ela expressa repetição de uma situação, podemos dizer que ela expressa repetição de uma situação *com um fim inerente*. Talvez você saiba que, em Semântica, predicados com essa propriedade são chamados de *télicos* (do grego *télos*, que significa "fim", "resultado"). Se é assim, nós podemos agora representar nossa construção da seguinte maneira:

Figura 40 – segunda representação da construção <re + Verbo> com detalhamento do polo do significado

FORMA **Fonologia** **Morfossintaxe**	$/xe_1 + A_2/_3$ $[AFX_1\ V_2]v_3$	
SIGNIFICADO **Semântica**	'REPETIÇÃO$_1$ DE UMA SITUAÇÃO TÉLICA$_2$'$_3$	

Essa representação parece solucionar o problema apresentado anteriormente. Como você pode ver, o erro da nossa análise parece ter sido o emprego de uma categoria semântica excessivamente geral – a saber, a categoria de *situação*. A partir do momento em que especificamos que essa situação deve ser télica (uma propriedade que não se aplica a verbos de estado e, em princípio, também a verbos de atividade), evitamos o licenciamento de formas agramaticais como "re-estar", "ressaber" e "redançar", ao mesmo tempo que explicamos a gramaticalidade de sequências como "reescrever a carta".

Vejamos agora como a GC representa o polo do significado de uma construção sintática semipreenchida: o padrão <é bom + Oração Subordinada>. Lembre-se de que, no capítulo "Visão geral da Gramática de Construções", nós formulamos o significado dessa construção da seguinte maneira: ameaça para que um indivíduo tenha determinado comportamento. Com efeito, a ideia de ameaça parece ser inerente ao significado dessa construção:

ao empregá-la, nós insinuamos sutilmente que, se determinado indivíduo (o referente do sujeito da oração subordinada) não agir de determinada maneira, algo ruim pode acontecer a ele. E, interessantemente, essa ideia de ameaça pode ser capturada por meio de uma teoria pragmática conhecida como Teoria dos Atos de Fala (Searle, 1976).[10]

A ideia central dessa teoria, sistematizada pelo filósofo norte-americano John Searle, é a de que a linguagem pode servir para realizar cinco grandes tipos de ações: representar um estado de coisas ("O céu é azul"); levar o interlocutor a fazer alguma coisa ("Levante-se"); estabelecer um compromisso em relação a uma ação futura ("Prometo que amanhã eu te respondo"); sinalizar a existência de um estado psicológico interno ("Me desculpe por ter pisado no seu pé", "Obrigado por me ajudar"); e alterar um estado de coisas no mundo ("Eu vos declaro marido e mulher"). Com base nessa constatação, Searle postula a existência de cinco *atos de fala*, correspondentes a cada uma dessas ações comunicativas: atos representativos (representam um estado de coisas), diretivos (levam o interlocutor a fazer alguma coisa), comissivos (comprometem o falante com a realização de uma ação futura), expressivos (sinalizam a existência de um estado psicológico) e declarativos (alteram um estado de coisas no mundo).[11]

Note, porém, que essa divisão comporta subtipos internos. Pense, por exemplo, nos atos diretivos. Por um lado, é certo que eles englobam tanto ordens quanto conselhos (afinal, nesses dois casos, há a intenção de influenciar o comportamento do interlocutor); por outro lado, é evidente que ordens e conselhos são coisas bem diferentes (ordens são muito mais impositivas). Os filósofos John Searle e Daniel Vanderveken capturam essa diferença dizendo que enunciados como "Eu ordeno que você saia" e "Eu aconselho que você saia" apresentam *forças ilocucionárias* distintas: no primeiro caso, trata-se de uma força ilocucionária de *ordem*; no segundo, estamos diante de uma força ilocucionária de *conselho* (Searle; Vanderveken, 1985).

Agora pense nos atos comissivos. Eu posso usá-los, por exemplo, para fazer uma promessa ("Prometo trazer o seu livro amanhã") ou para fazer uma ameaça ("Se você não trouxer meu livro amanhã, eu nunca mais te empresto nada"). O que essa reflexão nos mostra é que a categoria dos atos comissivos (assim como a dos diretivos) também abrange diferentes forças ilocucionárias – no mínimo, ela contempla as forças ilocucionárias de promessa e de ameaça.

A esta altura, você já deve ter entendido aonde eu estou querendo chegar: se a ideia de ameaça corresponde a uma força ilocucionária (associada a um ato de fala específico), então nós podemos caracterizar a construção <é bom + Oração Subordinada> por meio dessa categoria pragmática. Uma tentativa de representar essa construção é a seguinte:

Figura 41 – representação da construção <é bom + Oração Subordinada> com detalhamento do polo do significado

FORMA **Fonologia** **Morfossintaxe**	$/\text{'}\varepsilon\text{'b}\tilde{\text{o}}\tilde{\text{g}}_1 + A_2/_3$ $[\text{AFX}_1 \ V_2]v_3$	$\updownarrow$
SIGNIFICADO **Semântica** **Pragmática** **Sem/Prag:**	AGENTE REALIZA AÇÃO$_2$ FORÇA ILOCUCIONÁRIA: AMEAÇA$_1$ AMEAÇA PARA QUE INDIVÍDUO REALIZE AÇÃO$_3$	

A representação do polo do significado nessa figura dá conta do fato de que essa construção expressa tanto informações semânticas quanto informações pragmáticas. Como nós já vimos, o falante parece utilizá-la para ameaçar determinado indivíduo a fim de conseguir que ele realize determinada ação. Nos exemplos em (6), essas ações são, respectivamente, as de falar (de maneira adequada), tratar (a mulher do falante respeitosamente) e pagar (uma dívida).

Ora, se ameaça é uma força ilocucionária, então a especificação de que a construção serve para ameaçar é de natureza pragmática. Ao mesmo tempo, porém, a ideia de que o resultado esperado da ameaça é uma ação é de natureza semântica. Dito de outro modo, o falante usa a construção <é bom + Oração Subordinada> para *ameaçar* o falante (especificação pragmática), a fim de que ele realize determinada ação (especificação semântica).

A fim de capturarmos essa ideia, separamos, na Figura 41, os dois componentes relativos ao significado da construção em linhas distintas: primeiro, a informação semântica (a ideia de que deverá ser realizada uma ação); abaixo, a informação pragmática (a força ilocucionária da construção). Conectando todas as partes, temos o seguinte: a sequência fonológica fixa $/\text{'}\varepsilon\text{'b}\tilde{\text{o}}\tilde{\text{g}}/$ corresponde, sintaticamente, a uma Oração Matriz e, pragmaticamente, expressa a força ilocucionária de ameaça (como indica o índice 1); a sequência fonológica variável A corresponde, sintaticamente, a uma Oração Subordinada e, semanticamente, denota uma situação agentiva (como indica o índice 2); e, por fim, a sequência fonológica completa corresponde, sintaticamente, a uma Sentença e expressa a ideia de AMEAÇA PARA QUE INDIVÍDUO REALIZE AÇÃO.

Até este momento, nesta seção, já detalhamos a representação de quatro construções: <copo>, <Camarão que dorme, a onda leva>, <re + Verbo> e <é bom + Oração Subordinada>. Note, porém, que todas essas são preenchidas ou semipreenchidas. Passemos agora às duas construções inteiramente não preenchidas de que nós tratamos anteriormente: a Construção Bitransitiva e a Construção Interrogativa Sim/Não.

Comecemos pela Construção Bitransitiva. Na seção anterior, nós representamos o polo do significado dessa construção, muito simplesmente, como TRANSFERÊNCIA DE POSSE. No fundo, é essa ideia que está capturada na Figura 42 – a diferença é que, aqui, estamos associando cada elemento sintático a um papel semântico distinto. Observe:

Figura 42 – representação da Construção Bitransitiva
com detalhamento do polo do significado

FORMA **Fonologia** **Morfossintaxe**	$//A_1 \quad //B_2 \quad C_3/ \quad D_4//_5$ $[SN_1 \quad [[V_2 \quad SN_3] \quad SP_4]]_{S5}$ $SUJ_1 \qquad\qquad OD_3 \quad OI_4$	$\Big\uparrow$
SIGNIFICADO **Semântica**	'TRANSFERIDOR$_1$ TRANSFERIR$_2$ COISA.TRANSF$_3$ REC$_4$,$_5$	$\Big\downarrow$

Como você pode ver, essa construção especifica três papéis semânticos: TRANSFERIDOR, COISA TRANSFERIDA (abreviadamente, COISA.TRANSF) e RECIPIENTE (REC). Note que esses rótulos são definidos em função do cenário específico denotado pela construção. Com isso, queremos dizer o seguinte: se estamos dizendo que essa construção denota, especificamente, uma situação de *transferência*, então os rótulos a serem adotados devem refletir os papéis envolvidos nesse cenário particular. Ora, para que uma transferência aconteça, é preciso que haja, especificamente, *alguém que transfere*, uma *coisa transferida* e a *pessoa que recebe a coisa transferida*. São esses três papéis, os quais compõem uma situação de transferência, que buscamos capturar (respectivamente) com os rótulos TRANSFERIDOR, COISA TRANSFERIDA e RECIPIENTE.

Esclarecido esse ponto, vamos ler a Figura 42. Ela, na verdade, é bastante simples: além de incluir quatro elementos fonológicos inespecíficos e quatro elementos morfossintáticos, ela inclui componentes semânticos. As conexões, da mesma maneira, são bastante diretas: o índice subscrito 1 mostra que o elemento fonológico inespecífico A, que corresponde morfossintaticamente a um SN Sujeito, expressa semanticamente um TRANSFERIDOR; o índice 2 mostra que o elemento fonológico inespecífico B, que corresponde morfossintaticamente a um Verbo, denota a ação de TRANSFERIR; o índice 3 mostra que o elemento fonológico inespecífico C, que corresponde morfossintaticamente a um Sintagma Nominal Objeto Direto, corresponde semanticamente a uma COISA TRANSFERIDA; e o índice 4 mostra que o elemento fonológico inespecífico D, que corresponde morfossintaticamente a um Sintagma Nominal Objeto Indireto, corresponde semanticamente a um RECIPIENTE. Além disso, o índice 5 mostra que a sequência fonológica completa, que corresponde morfossintaticamente a uma Sentença, corresponde semanticamente à proposição abstrata TRANSFERIDOR TRANSFERE COISA TRANSFERIDA PARA RECIPIENTE.

Por fim, vamos retomar a Construção Interrogativa Sim/Não. Na seção anterior, nós representamos o significado dessa construção, muito simplesmente, como PERGUNTA. Mas, agora que você já foi apresentado à Teoria dos Atos de Fala, podemos melhorar essa análise. À luz dessa teoria, perguntas costumam ser tratadas como uma um subtipo específico (isto é, uma força ilocucionária) dos atos diretivos (Yule, 1996). Isso parece fazer bastante sentido: afinal, atos diretivos são aqueles que visam provocar determinado comportamento no interlocutor, e perguntas são tentativas de levar o ouvinte a fornecer uma informação. Se é assim, podemos representar a Construção Interrogativa da seguinte maneira:

Figura 43 – representação da Construção Interrogativa Sim/Não

FORMA **Fonologia**	/L+H* L+<H* L%/$_1$	↕
SIGNIFICADO **Pragmática**	'FORÇA ILOCUCIONÁRIA: PERGUNTA$_1$'	

Aqui, como você pode ver, introduzimos apenas duas mudanças em relação à representação da Figura 36: especificamos que pergunta é uma força ilocucionária e conectamos essa informação às informações do polo da forma por meio do índice subscrito 1. Com isso, capturamos, no formato próprio da GC, o fato de que o falante do português sabe que determinada configuração prosódica está direta e simbolicamente associada a uma força ilocucionária específica.

SÍNTESE DO CAPÍTULO

1. O polo da forma de uma construção gramatical pode incluir informações fonológicas e morfossintáticas; o polo do significado pode incluir informações semânticas e pragmáticas.

2. As informações fonológicas podem ser segmentais ou prosódicas; as informações morfossintáticas incluem categorias morfológicas (como Raiz e Afixo), categorias sintáticas (N, SN; V, SV etc.) e informações sobre constituência e relações gramaticais (Sujeito, Objeto etc.).

3. As informações semânticas incluem, por exemplo, tipos de situação e papéis semânticos (definidos em função da construção); já as informações pragmáticas podem incluir, por exemplo, o ato de fala / força ilocucionária.

4. Na representação proposta aqui, as informações fonológicas são representadas entre barras, as informações morfossintáticas são representadas entre colchetes e as informações semânticas e pragmáticas são representadas entre aspas simples.

5. Ainda, na representação proposta aqui, as correspondências entre os diferentes níveis da representação são indicadas por meio de índices subscritos.

Rede de construções e estrutura hierárquica

No capítulo anterior, nós exploramos o Princípio 1 da GC, segundo o qual a totalidade do conhecimento linguístico do falante pode ser representada em termos de construções gramaticais. Mas você já sabe que, para a GC, essas construções não estão simplesmente listadas no *constructicon* de maneira desordenada: elas estão organizadas em uma rede hierárquica – e, portanto, conectadas umas às outras. Isso é precisamente o que estabelece o Princípio 2 da GC.

Neste capítulo, vamos explorar mais a fundo esse princípio. Para isso, faremos dois movimentos. Inicialmente, vamos retomar algumas das construções já estudadas e detalhar sua representação dentro da estrutura hierárquica da rede construcional. Você verá, em particular, que a mesma organização taxonômica se aplica aos níveis morfológico e sintático. Na sequência, ao final do capítulo, você será apresentado ao importante conceito de **herança múltipla**.

DE PALAVRAS A ESQUEMAS MORFOLÓGICOS

No capítulo "Visão geral da Gramática de Construções", nós vimos um exemplo de rede hierárquica (taxonômica) no domínio da morfologia: a rede envolvendo as construções <Radical(Nome) + ão>, <tijolão> e <mochilão>. Agora, para começarmos a retomar essa conversa, apresentamos a seguir uma versão melhorada daquela rede, com maior detalhamento dos polos da forma e do significado.

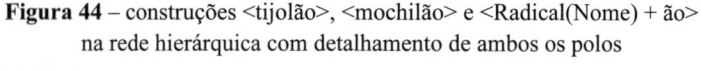

Figura 44 – construções <tijolão>, <mochilão> e <Radical(Nome) + ão>
na rede hierárquica com detalhamento de ambos os polos

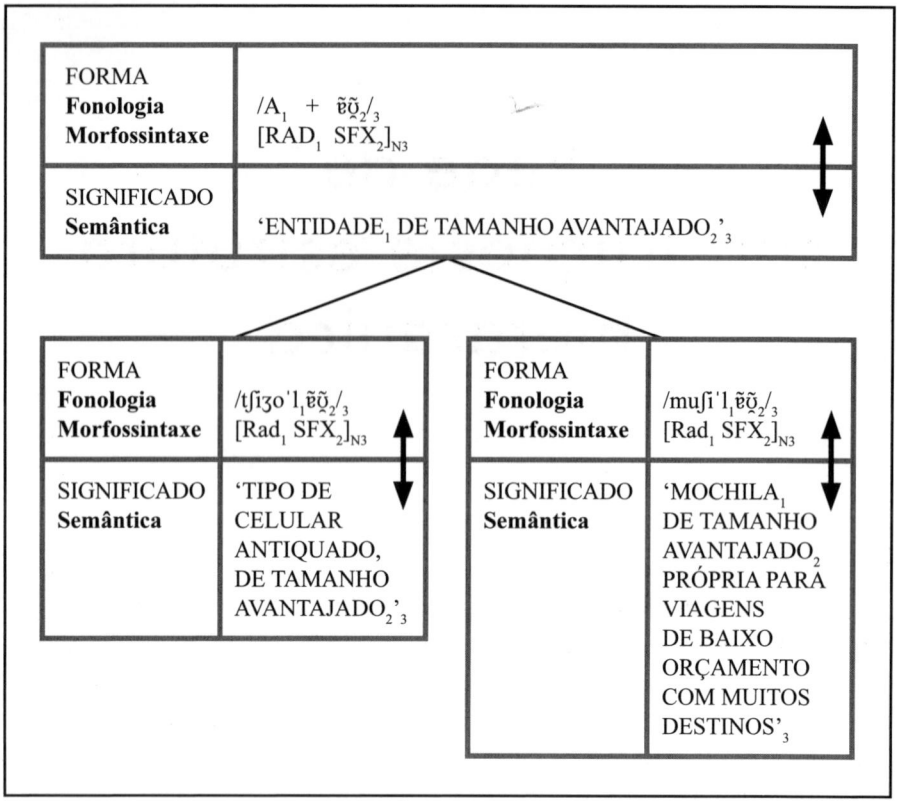

Esta é uma versão da rede apresentada na Figura 19. A diferença aqui é que incorporamos à representação das suas três construções o formato representacional apresentado no capítulo anterior, com maior detalhamento de ambos os polos.

Como você já aprendeu, essa organização é taxonômica porque a relação entre a construção mais alta, de um lado, e as duas construções mais baixas, de outro, é de inclusão categorial: a primeira funciona como uma categoria da qual as demais são membros. Lembre-se de que categorias são generalizações que, por emergirem a partir de determinado conjunto de elementos, contêm apenas os traços comuns a eles. Se inspecionarmos rapidamente a Figura 44, veremos que este é o caso aqui: é fácil constatar que (i) as construções de baixo contêm mais traços que a de cima; e (ii) a construção de cima contém apenas os traços comuns às duas construções de baixo.

Caso você ainda não esteja convencido, vamos destrinchar cada construção, começando pelas duas construções preenchidas. A construção <tijolão> contém (i) um radical; (ii) a especificação dos segmentos sonoros que compõem esse radical (/tʃiʒol/); (iii) um sufixo; (iv) a especificação dos segmentos sonoros que compõem esse sufixo /ɐ̃ʊ̯̃/; (v) a informação de que se trata de um CELULAR ANTIQUADO; e (vi) a informação de que esse celular tem TAMANHO AVANTAJADO. A construção <mochilão>, de forma bastante semelhante, contém (i) um radical; (ii) a especificação dos segmentos sonoros que compõem esse radical (/muʃil/); (iii) um sufixo; (iv) a especificação dos segmentos sonoros que compõem esse sufixo (/ɐ̃ʊ̯̃/); (v) a informação de que se trata de um TIPO ESPECÍFICO DE MOCHILA; e (vi) a informação de que essa mochila tem TAMANHO AVANTAJADO.

Agora, olhe para a construção <Radical(Nome) + ão>: quais dessas informações ela retém? Você adivinhou: aquelas que são comuns a ambas as construções preenchidas. Isso significa que essa construção deverá incluir apenas as informações (i), (iii), (iv) e (vi) do parágrafo anterior. Isto é: presença de um radical (informação (i)); presença de sufixo (informação (iii)); forma fonológica do sufixo (informação (iv)); e ideia de TAMANHO AVANTAJADO (informação (vi)). Por outro lado, ela não especifica a forma fonológica do radical (o que implica descartar as informações (ii)) e o tipo de entidade que está sendo denotado (o que implica descartar as informações (v)). Passamos, portanto, de seis informações para quatro.

Essa análise não deixa dúvidas: a maneira como essas três construções se organizam é perfeitamente análoga, por exemplo, à organização dos conceitos GATO, BALEIA e MAMÍFERO (caso não se lembre dessa discussão, volte ao capítulo "Visão geral da Gramática de Construções"). Logo, trata-se aqui, inequivocamente, de uma organização taxonômica.

A esta altura, talvez você esteja se perguntando o seguinte: será que nossa rede taxonômica pode ter mais de dois níveis? A resposta é "sim": na verdade, o modelo não impõe qualquer limite ao número de níveis hierárquicos no *constructicon*. Ou seja, a quantidade de níveis a serem representados é algo a ser descoberto pelo pesquisador (e vai depender do fenômeno sob análise).

Vejamos um exemplo concreto. Até aqui, nós tratamos de duas formas (não composicionais) de aumentativo com o sufixo -ão: "tijolão" e "mochilão". Observe, porém, que palavras terminadas em -r fazem o aumentativo com -zão (e não com -ão) – pense, por exemplo, em "marzão" (nunca "*marão") e "roedorzão" (nunca "*roedorão"). A situação real é mais complexa, mas vamos assumir essa análise simplificada apenas a título de exemplo.

Em termos construcionistas, essa constatação nos conduz a duas conclusões: (i) a representação da Figura 44 deveria especificar a informação de que o radical não pode terminar em "r" (caso contrário, a construção licenciaria "*marão", o que não deve acontecer); em segundo lugar, devemos postular uma segunda construção de aumentativo, dessa vez com a sequência -zão. Como essa construção tem o mesmo grau de preenchimento da nossa construção original, vamos representá-la também no segundo nível da rede (de baixo para cima). Assim:

Figura 45 – rede com construções <Rad.(Nome) + ão> e <Rad.(Nome) + zão>

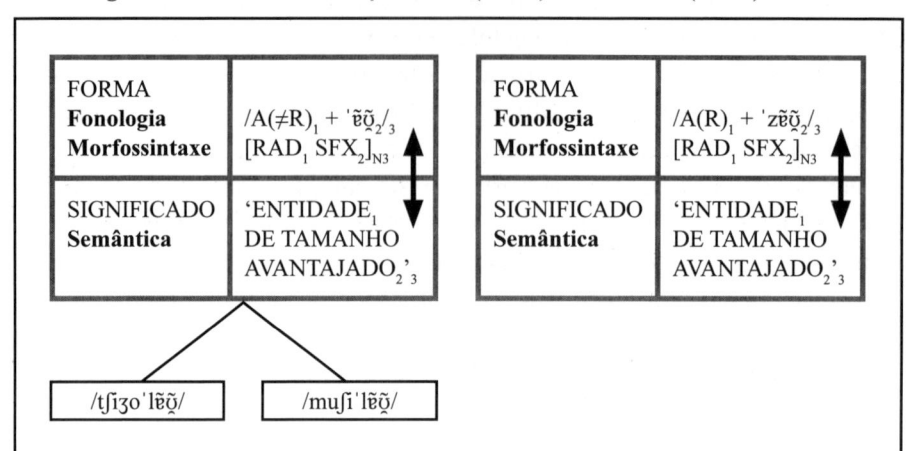

Nessa figura, simplificamos a representação das construções <tijolão> e <mochilão>, já que elas não são o foco neste momento. Olhe, então, para as duas construções mais altas: as diferenças entre elas são a sequência fonológica que se segue ao elemento A (/ẽõ̯/ em um caso, /zẽõ̯/ no outro) e uma especificação fonológica referente ao segmento final do elemento A (diferente de "r", em um caso; "r", no outro).

Mas espere um pouco: essas duas construções de aumentativo têm muito em comum, certo? No fim das contas, ambas contêm a sequência sonora /ẽõ̯/ (posicionada após um elemento fonológico inespecífico), ambas têm estrutura mórfica radical + sufixo (com o todo pertencente à categoria Nome) e ambas expressam ENTIDADE DE TAMANHO AVANTAJADO. Se é assim, faz todo sentido postular uma construção ainda mais abstrata que captura essas afinidades, ao mesmo tempo que descarta as diferenças. Veja:

Figura 46 – rede taxonômica com três níveis hierárquicos

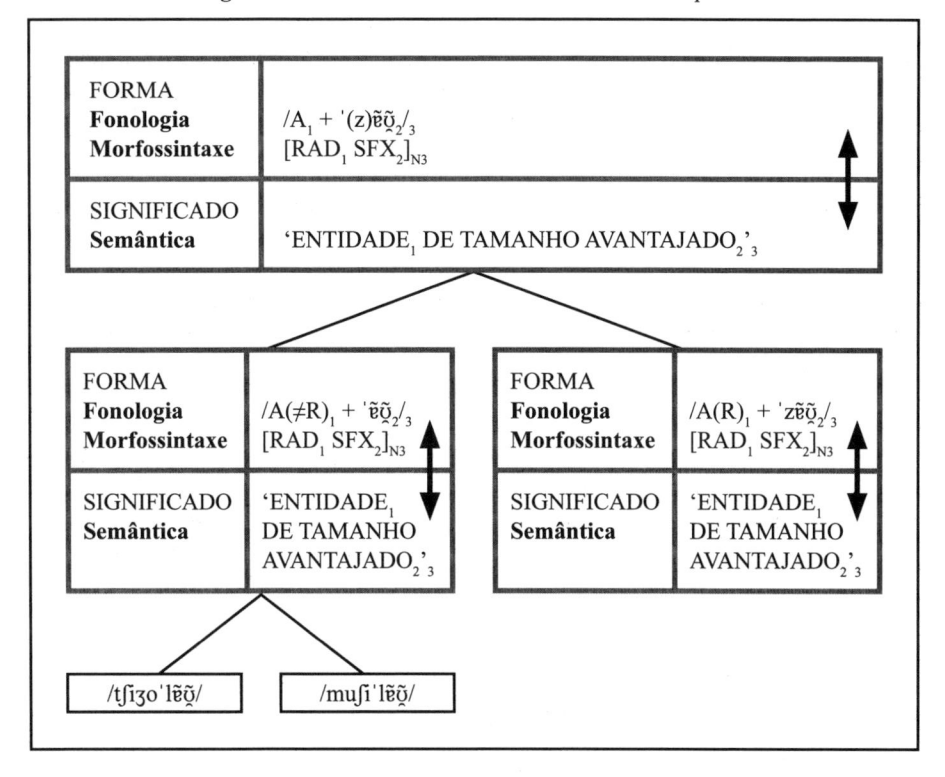

Note que a construção mais alta dessa rede contém *menos informações* que as duas construções de nível intermediário. E isso por duas razões. A primeira: enquanto a construção intermediária da esquerda especifica que o segmento final do radical *não pode ser "r"* e a da direita especifica que esse segmento *tem que ser "r"*, a construção mais alta é *não marcada* quanto a essa informação – isto é, ela nem proíbe, nem exige o "r". A segunda: enquanto a construção intermediária da esquerda especifica que o sufixo deve necessariamente ser formado pela sequência /ẽg̃/ e a da direita determina que o sufixo deve necessariamente ser formado pela sequência /zẽg̃/, a construção mais alta apenas exige que a sequência /ẽg̃/ esteja presente – isto é, ela é não marcada quanto à presença ou não de um segmento antes do /ẽg̃/ compondo o sufixo.

Essas diferenças estão representadas na rede. No caso da primeira diferença, você pode ver o seguinte: (i) a construção de nível intermediário da esquerda inclui um subscrito com a informação (≠R) – isto é, segmento final diferente de "r" – no polo fonológico; (ii) a construção de nível intermediário da direita inclui um subscrito com a informação (R) – isto é, segmento final "r" –

no polo fonológico; e (iii) a construção mais alta não inclui nenhum subscrito nesse mesmo ponto. No caso da segunda diferença, note que (i) a construção de nível intermediário da esquerda não inclui segmento algum antes de /ãu/; (ii) a construção de nível intermediário da direita inclui o segmento /z/ antes do /ẽõ̯/; e (iii) a construção mais alta especifica a *opcionalidade* do segmento /z/ antes do /ẽõ̯/ – o que é indicado pela presença dos parênteses "(z)".

A conclusão desse raciocínio não é nenhuma novidade para você a essa altura: se analisarmos a rede de baixo para cima, veremos perda progressiva da quantidade de informações. Simplificadamente, a situação é a seguinte: as construções mais baixas especificam todos os segmentos sonoros da palavra (tanto os do radical e quanto os do sufixo), além de especificarem o tipo de entidade a que cada uma se refere (celular e mochila); as construções intermediárias deixam de especificar os segmentos fonológicos do radical e o tipo de entidade, mas especificam uma informação referente ao segmento final do radical e ao início do sufixo; por fim, a construção mais alta deixa de especificar, também, essas duas informações.

Neste ponto, uma pergunta que podemos nos fazer é a seguinte: quando a rede taxonômica tem mais de dois níveis hierárquicos, como ficam as relações de inclusão e pertencimento categorial? Simples: uma construção sempre funcionará como uma *categoria* em relação às construções que estão abaixo dela e como *membro de uma categoria* em relação às construções mais acima. Assim, a construção <Rad.(Nome) + ão> funciona como uma categoria que inclui, como membros, <tijolão> e <mochilão>, ao mesmo tempo que é membro (juntamente com a <Rad.(Nome) + zão>) da categoria definida pela construção mais alta da Figura 46.

DE EXPRESSÕES IDIOMÁTICAS A ESQUEMAS SINTÁTICOS

No capítulo "Visão geral da Gramática de Construções", nós vimos que expressões idiomáticas fixas, como <Camarão que dorme, a onda leva> e <Deus ajuda quem cedo madruga>, devem ser tratadas como construções gramaticais – afinal, cada uma delas é um pareamento de forma e significado. Mas você já sabe que elas não podem estar "soltas" na rede construcional: assim como as palavras como "tijolão" e "mochilão", expressões idiomáticas também estabelecem relações taxonômicas com construções mais esquemáticas.

Para que você entenda esse ponto, vamos pensar na sequência <Camarão que dorme, a onda leva>. Como você já sabe, essa construção pode ser representada assim:

Figura 47 – representação completa da construção <Camarão que dorme, a onda leva>

FORMA **Fonologia** **Morfossintaxe**	/kama'ɾẽ ̰ǧki'dɔɣmɪ₁a'õdə₂'lɛvə₃/₄ [SN₁ SN₂ V₃]S₄ SUJ₂ OD₁	↕
SIGNIFICADO **Pragmática**	'ACONTECIMENTOS INESPERADOS₂ AFETAM NEGATIVAMENTE₃ PESSOAS DESPREVENIDAS₁'₄	

Muito bem. Agora, esqueça por alguns momentos essa construção e pense nas seguintes sentenças:

(1)   Maria arremessou a bola.
(2)   O vento soprou as folhas ressecadas.
(3)   A bola quebrou o vidro.

Em todos esses casos, temos uma situação em que uma entidade (correspondente, respectivamente, aos sujeitos "Maria", "O vento" e "A bola") afeta outra entidade (correspondente, respectivamente, aos Objetos Diretos "a bola", "as folhas ressecadas" e "o vidro"), modificando-a (no primeiro caso, a bola muda de lugar; no segundo, as folhas mudam de lugar; no terceiro, o vidro muda de estado). Sentenças como (1) a (3) nos leva a postular a existência de uma construção gramatical inteiramente esquemática, a que vamos nos referir como Construção Transitiva. Veja:

Figura 48 – representação da Construção Transitiva

FORMA **Fonologia** **Morfossintaxe**	/A₁ B₂ C₃/₄ [SN₁ [V₂ SN₃]ₛᵥ]ₛ₄ SUJ₁ OD₃	↕
SIGNIFICADO **Semântica**	'CAUSADOR₁ AFETA₂ ENTIDADE AFETADA₃'₄	

Essa construção conta com três elementos fonológicos inespecíficos, cada um deles associado a uma categoria sintática e a um valor semântico. Assim, o elemento A corresponde a um SN Sujeito e tem papel semântico de Causador (aquele que desencadeia um processo); o elemento B corresponde a um Verbo e expressa a ideia de AFETAÇÃO; e o elemento C corresponde a um SN Objeto Direto e tem papel semântico de ENTIDADE AFETADA (aquele que é afetado pela mudança). Observe que o CAUSADOR pode ser tanto animado, como em (1), quanto inanimado, como em (2) e (3). Aqui, estou usando esse rótulo para fazer referência àquilo que "Maria", "o vento" e "a água" têm em comum (nas proposições denotadas pelas sentenças (1), (2) (3)): o fato de que se trata de entidades que afetam outras entidades e as modificam.

E o que essa construção totalmente aberta tem a ver com a construção inteiramente fechada <Camarão que dorme, a onda leva>? Tudo. Para entender isso, porém, você precisa primeiro pensar no que essa frase efetivamente comunica (e não no seu sentido literal). Como nós vimos, ela expressa a ideia de que ACONTECIMENTOS INESPERADOS AFETAM NEGATIVAMENTE PESSOAS DESPREVENIDAS. Ora, nessa proposição OS ACONTECIMENTOS INESPERADOS têm papel semântico de CAUSADOR e as PESSOAS DESPREVENIDAS têm papel semântico de ENTIDADE AFETADA. A moral da história aqui é a seguinte: enquanto a Construção Transitiva expressa uma relação de afetação genérica, abstrata (que se aplica a qualquer tipo de causador e de entidade afetada), a construção "Camarão que dorme, a onda leva" expressa um tipo específico de relação de afetação, em que o CAUSADOR é, especificamente, algum ACONTECIMENTO INESPERADO e a ENTIDADE AFETADA é, especificamente, alguma pessoa desprevenida.

O que essa discussão mostra é que a relação entre essas duas construções é de natureza taxonômica. Dito de outro modo, a relação que existe entre <Camarão que dorme, a onda leva> e a Construção Transitiva é análoga à que nós vimos entre <tijolão> e <mochilão>, de um lado, e <Rad.(Nome) + ão> de outro: trata-se de uma relação inclusão/pertencimento categorial. Essa relação pode ser esquematizada assim:

Figura 49 – relação taxonômica entre a Construção Transitiva
e <Camarão que dorme, a onda leva>

FORMA **Fonologia** **Morfossintaxe**	$/A_1\ B_2\ C_3/_4$ $[SN_1\ [V_2\ SN_3]_{SV}]_{S4}$ $SUJ_1 \qquad OD_3$	
SIGNIFICADO **Semântica**	'CAUSADOR$_1$ AFETA$_2$ ENTIDADE AFETADA$_3$'$_4$	↕
FORMA **Fonologia** **Morfossintaxe**	$/kama\ ˈrẽʊ̯ˈki\ ˈdɔɣmɪ_1aˈõdə_2ˈlɛvə_3/$ $[SN_1 \qquad SN_2\ V_3]_{S4}$ $SUJ_2 \quad OD_1$	
SIGNIFICADO **Semântica**	'ACONTECIMENTOS INESPERADOS$_2$ AFETAM NEGATIVAMENTE$_3$ PESSOAS DESPREVENIDAS$_1$'$_4$	↕

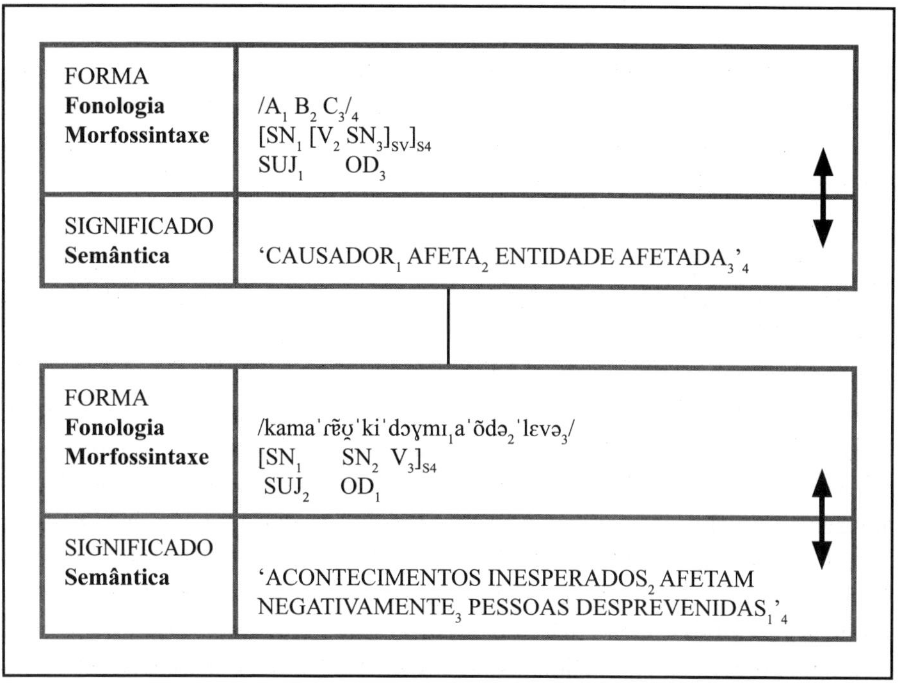

Naturalmente, outras expressões fixas do português apresentam estrutura sintática SVO (Sujeito + Verbo + Objeto Direto) e estrutura semântica CAUSADOR AFETA ENTIDADE AFETADA. Pense, por exemplo, nos ditados "Águas passadas não movem moinhos" e "Quem canta seus males espanta". Nos dois casos, temos um SN sujeito (respectivamente, "Águas passadas" e "Quem canta") que funciona semanticamente como CAUSADOR na medida em que gera (ou não) uma mudança na ENTIDADE AFETADA (respectivamente, o curso das situações presentes e o sofrimento), que é representada sintaticamente como um SN Objeto Direto (respectivamente, "moinhos" e "seus males"). Se é assim, podemos considerar que as construções <Águas passadas não movem moinhos> e <Quem canta seus males espanta> também estão subordinadas à Construção Transitiva, assim como <Camarão que dorme, a onda leva>. Veja:

Figura 50 – relação taxonômica entre a Construção Transitiva
e três expressões idiomáticas fixas

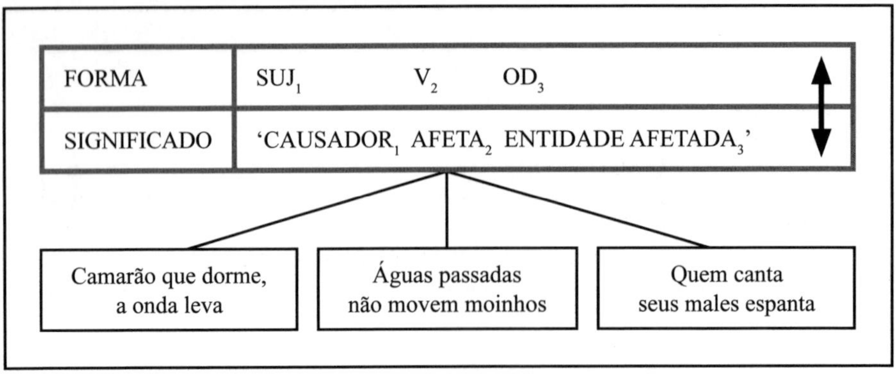

FORMA	SUJ_1	V_2	OD_3	
SIGNIFICADO	'CAUSADOR$_1$ AFETA$_2$ ENTIDADE AFETADA$_3$'			

Camarão que dorme, a onda leva	Águas passadas não movem moinhos	Quem canta seus males espanta

Na seção anterior, nós vimos uma rede com três níveis hierárquicos. Será que isso também poderia acontecer aqui? No que diz respeito à forma, tudo indica que sim: como tanto a Construção Transitiva quanto a Construção Bitransitiva apresentam organização sintática do tipo Sujeito-Predicado, poderíamos talvez postular uma Construção Sujeito-Predicado. O problema é o polo do significado – afinal, que significado poderíamos atribuir a essa construção? Seria possível dizer que ela simplesmente não tem significado? Esse ponto será discutido no capítulo "Formalismo e funcionalismo em Gramática de Construções".

Em suma, é fácil constatar o tipo de relação entre construções representado na Figura 50 é essencialmente idêntico ao que foi representado na Figura 46. A única diferença é que, aqui, trata-se de construções sintáticas, e não mais morfológicas. Mas isso, como você já sabe, não é particularmente relevante em GC: no fundo, o que você está vendo é que diferentes "aspectos" do conhecimento linguístico do falante – isto é, aspectos morfológicos e sintáticos – podem ser representados de maneira uniforme por meio de pareamentos de forma e significado conectados em uma rede hierárquica.

HERANÇA MÚLTIPLA

Olhe novamente para a Figura 50, agora buscando observar tanto as semelhanças quanto as diferenças entre as três construções subordinadas. Você já sabe que todas elas têm em comum uma estrutura sintática formada por um Objeto Direto e um Sujeito. Mas observe: no que se refere à posição linear dos constituintes, existem diferenças claras aqui. No caso de <Camarão que dorme, a onda leva>, temos a ordem OSV (Objeto Direto + Sujeito + Verbo); no caso de <Águas passadas não movem moinhos>, temos a ordem SVO. Como dar conta dessa diferença em GC?

O primeiro fato que você deve notar é o seguinte: a Construção Transitiva, que tem a forma SUJ + V + OD, não especifica a ordem linear dos constituintes. Sabemos disso porque, entre as construções subordinadas a ela, notamos ordens distintas. Ora, se a construção superordenada captura tudo o que as construções subordinadas têm em comum, e se elas *não* têm a ordem dos constituintes em comum, então essa ordem não pode estar especificada na construção superordenada. O que isso significa é que a Construção Transitiva especifica apenas as relações sintáticas e semânticas entre seus argumentos (isto é, um dos argumentos é necessariamente um argumento externo com papel de Causador, e o outro é necessariamente um argumento interno com papel de Entidade afetada), mas a não sua ordenação linear.

Pense agora nas seguintes sentenças:

(4) O piano, Maria empurrou.
(5) Com você, eu posso contar.
(6) Para Pernambuco, a gente vai.

Certamente, nem todas essas sentenças são construtos da Construção Transitiva. Na verdade, a única sentença que exibe um Objeto Direto, e pode por isso ser tida como uma manifestação dessa construção esquemática, é a do exemplo (4). Em (5), o complemento não é um OD, e sim um argumento oblíquo introduzido pela preposição "com" (chamado de Objeto Indireto na nossa tradição gramatical); em (6), o complemento é um oblíquo introduzido por "para". Ou seja: essas três sentenças parecem manifestar padrões sintático-semânticos bastante distintos.

Por outro lado, parece claro que essas sentenças têm algo em comum. Afinal, em todas elas, o complemento aparece em posição inicial e funciona, discursivamente, como *tópico* – o que significa que ele denota um referente dado (ou seja, já conhecido pelo interlocutor), que será objeto de um *comentário* posterior. Dito de outro modo, embora as grades temático-argumentais das três sentenças sejam distintas, o padrão sintático-discursivo é sempre o mesmo: em todos os casos, um complemento (argumento interno) em posição inicial funciona como tópico, e a sequência formal que se segue a esse constituinte funciona como um comentário acerca dele.

Se é assim, devemos postular uma construção gramatical específica para capturar esse pareamento – isto é, uma construção que seja capaz de capturar tudo aquilo que as sentenças como (4) a (6) têm em comum. Essa construção, que será aqui referida como Construção de Complemento Tópico, pode ser representada assim:

Figura 51 – representação da Construção de Complemento Tópico

FORMA **Fonologia** **Morfossintaxe**	$/A_1$ $/B_2$ $C_3/_4/_5$ $[COMP_1$ SUJ_2 $V_3]_{SS}$	↕
SIGNIFICADO **Pragmática**	$(TÓPICO_1 - COMENTÁRIO_4)_5$	

Veja que essa construção inclui os elementos fonológicos inespecíficos A, B e C, dispostos necessariamente nessa ordem. O primeiro corresponde ao Complemento Verbal (COMP), o segundo corresponde ao Sujeito e o terceiro corresponde ao Verbo. Mas o mais importante vem agora: do ponto de vista da pragmática discursiva, o primeiro elemento fonológico (sintaticamente, o Complemento) corresponde ao tópico, ao passo que o bloco formado pelos dois elementos fonológicos seguintes (vinculados, respectivamente, à relação gramatical de Sujeito e à categoria morfossintática Verbo) corresponde a um comentário.

Feita essa digressão, podemos agora voltar para a nossa construção <Camarão que dorme, a onda leva>. Você já sabe que, na rede construcional hierárquica, ela está subordinada à construção <SUJ + V + OD>. Mas, analisando essa frase, fica claro que ela também se enquadra no padrão definido pela Construção de Complemento Tópico: afinal, o complemento "camarão que dorme" funciona como tópico em relação ao qual se faz um comentário ("a onda leva").

O que isso significa? Simples: significa que a construção <Camarão que dorme, a onda leva> está subordinada, no *constructicon*, tanto à construção <SUJ + V + OD> quanto à Construção de Complemento Tópico. Podemos representar essa situação da seguinte maneira:

Figura 52 – relação taxonômica de herança múltipla
envolvendo duas construções superordenadas

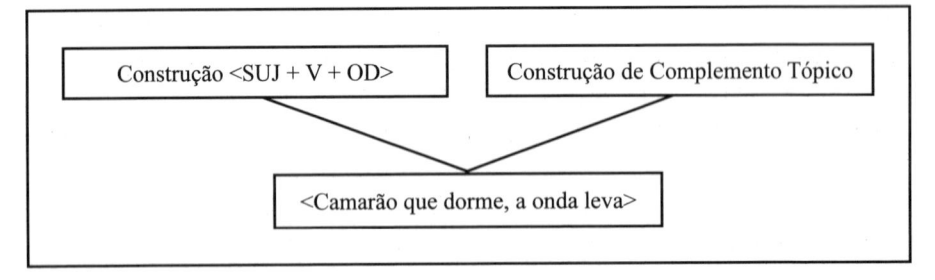

Na Figura 52, estamos representando cada construção apenas pelo seu nome – mas entenda que, dentro de cada retângulo, está o complexo conjunto de informações de forma e de significado que as caracterizam. A ideia aqui, portanto, é a de que <Camarão que dorme, a onda leva> faz parte, simultaneamente, de duas categorias: a categoria das construções oracionais com Sujeito, Verbo e Objeto Direto e a categoria das construções em que um Complemento funciona como tópico e o restante da oração funciona como comentário. A inclusão na primeira categoria se dá pelo fato de <Camarão que dorme, a onda leva> apresentar Sujeito Causador ("a onda"), Verbo ("leva") e Objeto Direto Entidade Afetada ("Camarão que dorme"); a inclusão na segunda categoria se dá pelo fato de essa mesma construção apresentar um Complemento tópico em posição inicial ("Camarão que dorme") seguido de um comentário ("a onda leva").

Em GC, esse tipo de situação é chamado de **herança múltipla**. O nome sugere que uma mesma construção herda propriedades de duas ou mais construções distintas: aqui, <Camarão que dorme, a onda leva> herda a estrutura temático-argumental (um Sujeito Causador e um Objeto Direto Entidade Afetada) da construção <SUJ + V + OD> e a estrutura sintático-discursiva (Complemento tópico em posição inicial seguido de comentário) da Construção de Complemento Tópico.

Você deve lembrar que, no capítulo "Visão geral da Gramática de Construções", nós comparamos a taxonomia das construções gramaticais com o tipo de taxonomia que pode ser estabelecido para os conceitos de GATO, BALEIA e MAMÍFERO. O objetivo, naquele momento, era mostrar que organização taxonômica das construções gramaticais não era essencialmente da organização taxonômica dos conceitos que nós conhecemos. Agora, podemos acrescentar que isso também vale para a herança múltipla: assim como a categorização de construções gramaticais, também a categorização de conceitos não linguísticos pode envolver a associação de um elemento subordinado a mais de uma categoria superordenada.

Pense, por exemplo, no conceito GATO: por um lado, ele se assemelha ao de BALEIA, na medida em que apresenta glândulas mamárias. Por outro lado, porém, ele apresenta uma afinidade importante com o conceito PAPAGAIO: o fato de que ambos dizem respeito a animais domésticos. Dito de outro modo, GATO pertence à mesma categoria que BALEIA em relação a um aspecto (o fato de *apresentar glândulas mamárias*), mas pertence à mesma categoria que PAPAGAIO em relação a outro aspecto (o fato de *viver na residência de donos humanos*). Podemos representar essa situação da seguinte forma:

Figura 53 – relação taxonômica de herança múltipla
envolvendo duas categorias superordenadas não linguísticas

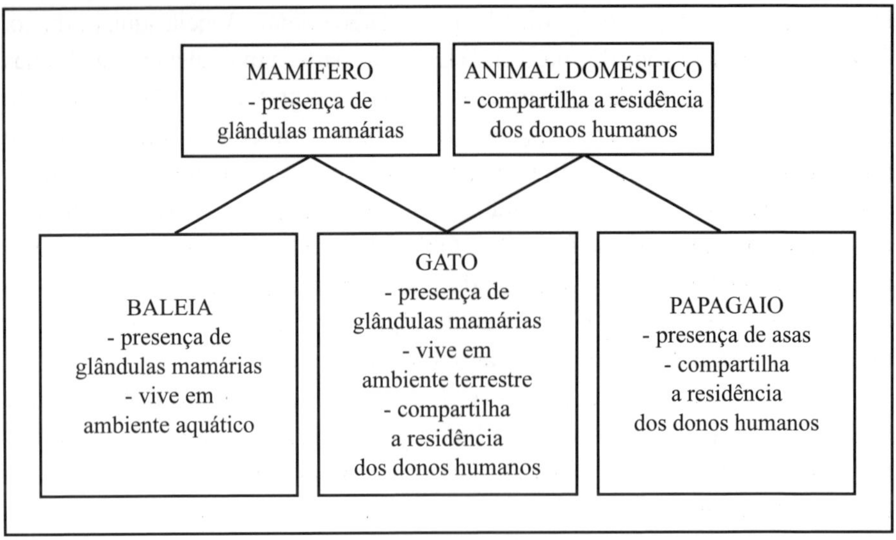

Como você pode ver, o GATO pertence, ao mesmo tempo, à categoria MAMÍFERO (pelo fato de apresentar glândulas mamárias) e à categoria ANIMAL DOMÉSTICO (pelo fato de compartilhar a residência com seus donos humanos). Note que isso é perfeitamente análogo ao que ocorre, no *constructicon*, com a construção <Camarão que dorme, a onda leva>, que está associada, simultaneamente, a duas construções mais esquemáticas.

Se você parar para pensar, vai constatar que a herança múltipla é uma situação absolutamente corriqueira quando se trata do nosso conhecimento linguístico. Considere, por exemplo, a construção <É de menino que se torce o pepino>, que significa algo como O CARÁTER DAS PESSOAS DEVE SER MOLDADO AINDA NA INFÂNCIA. Essa construção está taxonomicamente associada a (e, portanto, herda propriedades de) pelo menos quatro construções: a Construção Clivada (que também está por trás de sentenças como "Foi o gato que quebrou o copo"), uma Construção <SUJ + V + OD> (que também está por trás de sentenças como "Maria chutou a bola"), uma Construção de Indeterminação com "Se" (que também está por trás de sentenças como "Vende(m)-se casas") e uma Construção de Adjunção Verbal (que está por trás de sentenças como "Choveu ontem à noite", e que, neste caso, especifica que "de menino" é o momento em que o "pepino" deve ser torcido). Podemos representar essa situação da seguinte maneira:

Figura 54 – relação taxonômica de herança múltipla
envolvendo quatro construções superordenadas

```
┌─────────────────────────────────────────────────────────────────┐
│  ┌───────────┐  ┌───────────┐  ┌──────────────┐  ┌───────────┐  │
│  │ Construção│  │ Construção│  │ Construção de│  │ Construção│  │
│  │<SUJ+V+OD> │  │  Clivada  │  │Indeterminação│  │de Adjunção│  │
│  │           │  │           │  │  com "Se"    │  │  Verbal   │  │
│  └───────────┘  └───────────┘  └──────────────┘  └───────────┘  │
│                                                                   │
│            ┌──────────────────────────────────────┐              │
│            │ <É de menino que se torce o pepino>   │              │
│            └──────────────────────────────────────┘              │
└─────────────────────────────────────────────────────────────────┘
```

Essa análise nos dá uma ideia mais justa da realidade do *constructicon*: tipicamente, o que nós encontramos não são construções ligadas taxonomicamente a uma única construção de nível mais alto, mas construções subordinadas a um conjunto de construções mais esquemáticas – o que caracteriza a situação que costuma ser chamada de *herança múltipla*.

SÍNTESE DO CAPÍTULO

1. De acordo com o segundo princípio definidor da GC, as construções gramaticais se organizam em uma rede hierárquica (isto é, taxonômica).
2. Esse princípio se aplica à relação entre palavras e esquemas morfológicos: aqui, palavras diferentes que apresentam uma mesma estrutura mórfica correspondem a construções de nível mais baixo subordinadas a um mesmo esquema morfológico.
3. Esse princípio vale ainda para a relação entre expressões idiomáticas fixas e esquemas sintáticos: aqui, expressões idiomáticas fixas com uma mesma estrutura sintático-semântica são representadas como construções de nível mais baixo, subordinadas a um mesmo esquema sintático.
4. Por fim, é preciso reconhecer a possibilidade de herança múltipla: casos em que uma mesma construção de nível mais baixo está subordinada, simultaneamente, a duas ou mais construções de nível mais alto.

Integração
entre construções

Nos capítulos anteriores, pudemos nos aprofundar no estudo dos dois primeiros princípios definidores da GC: o princípio ontológico (segundo o qual *o conhecimento linguístico do falante é um inventário de construções*) e o princípio de organização (segundo o qual *as construções se organizam em rede*). Agora, vamos estudar mais a fundo o princípio de funcionamento, segundo o qual *as construções gramaticais podem ser combinadas entre si*.

No capítulo "Visão geral da Gramática de Construções", você já foi apresentado a esse princípio. A ideia aqui, como você deve lembrar, é a de que duas ou mais construções podem ser combinadas entre si, a fim de gerar sequências concretas (isto é, palavras e frases efetivamente enunciadas). Essa combinação, contudo, deve respeitar uma condição: *somente podem ser combinadas construções cujas propriedades sejam compatíveis*.

Considere, por exemplo, a construção <SUJ. + V + OD>, que nós vimos no capítulo anterior. Como você pode ver, essa construção contém, obrigatoriamente, um Verbo (que nós costumamos representar entre o Sujeito e o Objeto Direto, mas que pode aparecer em outras posições). Você deve entender, então, que o traço Verbo é uma das propriedades que descrevem um dos *slots* dessa construção. Dada a exigência de compatibilidade entre construções, isso significa que apenas construções que também apresentem o traço Verbo podem ocupar esse *slot*. O fato de que essa exigência é respeitada pode ser constatado pelos exemplos a seguir.

(1)   João ama Maria.
(2)   *João hoje Maria.

Em (1), a construção <SUJ + V + OD> se combinou a três construções: <João>, <ama> e <Maria>. Note que a construção <ama> apresenta, no seu polo formal, o traço Verbo – o que a torna compatível com o *slot* V da construção <SUJ + V + OD>. Como resultado, temos uma sentença gramatical.

Por outro lado, a construção <hoje> apresenta, no seu polo formal, o traço Advérbio – o que a torna incompatível com o *slot* V da construção <SUJ + V + OD>. Como mostra o exemplo (2), a tentativa de combinar duas construções incompatíveis resulta em sentenças agramaticais.

No caso de (1), o que vemos é a integração entre construções totalmente fechadas (as palavras "João", "ama" e "Maria") e uma construção totalmente aberta (o esquema sintático <SUJ + V + OD>). Agora, porém, considere o exemplo (3):

(3)   Maria, João ama.

Essa sentença é, sem dúvida, um exemplo da mesma construção <SUJ + V + OD> que está por trás de (1). Mas ela é um exemplo também de uma outra construção à qual você foi apresentado no capítulo anterior: a Construção de Complemento Tópico. Como nós vimos, essa construção especifica um Complemento em posição inicial, que funciona discursivamente como Tópico, seguido de um Comentário. Aqui, portanto, a combinação de construções não consistiu, simplesmente, na inserção de palavras nos *slots* abertos de uma construção esquemática; em vez disso, ela envolveu, para além de palavras concretas a "Maria", "João" e "ama", duas construções esquemáticas que foram integradas: a construção <SUJ + V + OD> e a Construção de Complemento Tópico (cuja estrutura é algo como Tópico Complemento + SUJ + V).

Como falante do português, você sabe que a frase em (3) é gramatical – o que significa que essa integração foi bem-sucedida. Para entender por quê, observe que ambas as construções têm três *slots*, e que dois deles apresentam exatamente a mesma especificação morfossintática – quais sejam, o *slot* do Sujeito e o do Verbo. Além disso, no caso do terceiro *slot*, um deles é simplesmente mais geral que o outro – afinal, o Objeto Direto (especificação formal de um dos *slots* da construção <SUJ + V + OD>) é simplesmente um tipo de Complemento (especificação formal de um dos *slots* da Construção de Complemento Tópico). Ou seja, neste último caso, a compatibilidade entre dois *slots* não se funda em uma relação de identidade (Objeto Direto não é *sinônimo* de Complemento, porque o conceito de Complemento é mais amplo), e sim em uma relação do tipo categoria-membro (isto é, Objeto Direto é um membro da categoria Complemento).

Em suma, o que nós estamos vendo é que o processo de integração (ou combinação) de construções dá conta de dois tipos distintos de situação: (i) casos em que palavras são inseridas no *slot* aberto de uma construção esquemática ou semiesquemática; e (ii) casos em que dois ou mais *slots* abertos são integrados. O caso do exemplo (1), em que o item "ama" é inserido no *slot* V da construção <SUJ + V + OD>, exemplifica a primeira situação; o caso do exemplo (2), em que os *slots* de Objeto Direto (da construção <SUJ + V + OD>) e de Complemento (da Construção de Complemento Tópico) se fundem (isto é, se integram) exemplifica a segunda situação. Ao longo deste capítulo, nós vamos estudar esses dois tipos de integração.

INTEGRAÇÃO ENTRE UMA PALAVRA E UM *SLOT* ABERTO

O português, e provavelmente todas as línguas, conta com um conjunto de construções que definem os tipos básicos de situação que podem ser descritos. No capítulo anterior, nós mencionamos três dessas construções: o esquema <SUJ + V + OD>, ilustrado por (4a) a (4c), o esquema <SUJ + V + OD + OI>, ilustrado por (5a) a (5c), e o esquema <SUJ + V + CC>, ilustrado por (6a) a (6c):

(4) a. Maria empurrou João.
     b. O vento soprou as folhas.
     c. Sua bola pesada quebrou o vidro temperado.
(5) a. Carlos deu um livro para Paulo.
     b. Meu pai emprestou dinheiro para seus irmãos.
     c. Os jogadores veteranos enviaram um presente para o treinador.
(6) a. Eu vou para Pernambuco.
     b. João viajou para lá.
     c. Os alunos se dirigiram à sala do diretor.

No primeiro conjunto, como você já sabe, temos um padrão oracional com dois SN (um Sujeito e um Objeto Direto); no segundo, temos um padrão oracional com dois SN (um Sujeito e um Objeto Direto) e um SP (que funciona como Objeto Indireto); no terceiro, temos um padrão com um SN (com função de Sujeito) e um SP ou Sintagma Adverbial (que funciona como Complemento Circunstancial, ou CC).

Naturalmente, todos os nove construtos apresentados em (4)-(6) foram formados por meio da inserção de construções fechadas (isto é, palavras particulares) nos *slots* dessas construções totalmente abertas. Assim, temos, por exemplo, que em (4a) a construção <Maria> ocupou o *slot* de SN Sujeito da construção <SUJ + V + OD>; em (5b), a construção <dinheiro> ocupou o *slot* de SN Objeto Direto da construção <SUJ + V + OD + OI>; e, em (6a), a construção <Pernambuco> ocupou o *slot* de Complemento Circunstancial da construção <SUJ + V + CC>.

Mas casos assim, em que o *slot* de uma construção esquemática (ou semiesquemática) é ocupado por uma única palavra, são a exceção. O mais comum, na verdade, é que os *slots* construcionais sejam preenchidos por *sequências de palavras*. Por exemplo, em (4b) o *slot* de SN sujeito é preenchido pela sequência "O vento"; em (4c), o mesmo *slot* é preenchido pela sequência "Sua bola pesada"; em (5b), o *slot* do SP Objeto Indireto é preenchido pela sequência "para seus irmãos"; e assim por diante. Como explicar esses casos?

Para isso, nós vamos precisar detalhar melhor a estrutura interna dos sintagmas. Pense, por exemplo, nos Sintagmas Nominais que funcionam como sujeito e como objeto da construção <SUJ + V + OD>. Como mostram os exemplos em (4), esses SNs podem apresentar, pelo menos, três configurações distintas: eles podem ser formados apenas por um Nome (como "Maria" e "João", em (4a)); podem ser formados por um Determinante seguido de um Nome (como em "O vento" e "as folhas", em (4b)); e podem ser formados por um Determinante seguido de um Nome e de um Adjetivo (como "Sua bola pesada" e "o vidro temperado", em (4c)). Se é assim, eu vez de simplesmente dizer que os *slots* de Sujeito e Objeto Direto dessa construção correspondem, morfossintaticamente, a um SN, precisaremos detalhar a estrutura interna desse sintagma. Assim:

Figura 55 – nova representação da Construção <SUJ + V + OD> (Construção Transitiva)

FORMA **Fonologia** **Morfossintaxe**	$/A_1\ B_2\ C_3/_5$ $[[(Det)\ [N\ (Adj)]]_{SN1}\quad [V_2\quad [(Det)\ [N\ (Adj)]]_{SN3}]_{SV4}]_{S5}$ $SUJ_1 \qquad\qquad\qquad OD_3$	↑
SIGNIFICADO **Semântica**	'CAUSADOR$_1$ AFETA$_2$ ENTIDADE AFETADA$_3$'$_5$	↓

Se você comparar a Figura 55 com a Figura 48 (lá do capítulo anterior), verá que a única diferença aqui é que eu esmiucei a estrutura interna do SN (tanto na posição de Sujeito quanto na posição de Complemento). Ao fazer isso, especifiquei que o SN deve ter necessariamente um Nome (N) e pode ter, opcionalmente, um Determinante (Det) e um Adjetivo (Adj) (na figura, os parênteses indicam opcionalidade). Na prática, isso cria mais *slots* na construção: em vez de apenas três posições sintáticas, agora temos sete (Det, N, Adj, V, Det, N e Adj), o que permite a inserção de um número maior de palavras. Uma vez que a estrutura interna do SN foi representada de modo explícito, fica fácil explicar, por exemplo, a sentença (4c): diremos que a construção <Sua> se combinou ao *slot* Det (já que <Sua> é um Determinante, o que assegura a compatibilidade), que a construção <bola> se combinou ao *slot* N (já que <bola> é um Nome, o que assegura a compatibilidade), que a construção <pesada> se combinou ao *slot* Adj (já que <pesada> é um Adjetivo, o que assegura a compatibilidade), e por aí vai.

Isso não significa, de modo algum, que a estrutura hierárquica de uma sentença como (4c) não seja reconhecida. É evidente que as sequências "Sua bola pesada" e "o vidro temperado" formam constituintes – isso está explicitamente representado na Figura 55 por meio dos colchetes (e, em ambos os casos, esse constituinte está rotulado como SN). Essa representação captura, portanto, o fato de que a construção <SUJ + V + OD> é formada por constituintes sintáticos (e não por palavras isoladas).

Como você talvez tenha reparado, a representação do SN apresentada na figura 55 é bastante simplificada: trata-se de uma representação que dá conta de todos os SN que aparecem em (4), (5) e (6), mas, definitivamente, não de todos os SN possíveis em português. Por exemplo: antes do N, podemos ter muito mais que um elemento (em "aqueles meus três grandes amigos", há quatro); depois do N, podemos ter um SP ("bola de couro") ou uma oração adjetiva depois do N ("bola que foi feita na China"). Assim, para dar conta do SN "Aquelas três incríveis bolas de couro que foram feitas na China", precisaríamos de uma representação bem mais detalhada – mas, se acrescentarmos os *slots* adequados, teremos uma representação capaz de licenciar também essas sequências como essa.

Um ponto em que você talvez esteja pensando é o seguinte: se todo Sintagma Nominal tem a mesma estrutura, independentemente do *slot* construcional (ou mesmo da construção) em que ele aparece, então o próprio SN não poderia ser considerado uma construção gramatical? A resposta é "sim": para além de existir "dentro" de construções maiores, o SN existe, ele próprio, como uma construção separada. E isso vale, na verdade, para qualquer tipo de sintagma: podemos considerar que existe uma Construção de SN, uma Construção de SV, uma construção de SP, e assim por diante.

A ideia de integração entre construções não se aplica, é claro, apenas ao domínio da sintaxe: ela também ajuda a dar conta do conhecimento morfológico. Pense, por exemplo, na palavra "recapturar": em vez de tratá-la como uma construção independente, nós podemos explicá-la como o resultado da integração entre a construção fechada <capturar> e a construção semiaberta <re + V>. Na Figura 56, você pode ver as duas construções, a fim de avaliar detidamente a possibilidade de integração.

Figura 56 – construções <capturar> e <re + Verbo>

FORMA **Fonologia** **Morfossintaxe**	$/kapiturax/_1$ V_1	
SIGNIFICADO **Semântica**	APRISIONAR, DETER; SITUAÇÃO TÉLICA$_1$	

FORMA **Fonologia** **Morfossintaxe**	$/xe_1 + A_2/_3$ $[AFX_1 \ V_2]v_3$	
SIGNIFICADO	'REPETIÇÃO$_1$ DE UMA SITUAÇÃO TÉLICA$_2$'$_3$	

Veja que a construção <re + Verbo>, na parte de baixo da figura, tem um *slot* fonologicamente aberto, correspondente aos componentes indicados com o índice subscrito 2. Observe que não há aqui qualquer exigência fonológica: a variável A sugere que elementos com qualquer configuração fonológica podem ocupar esse *slot*. Há, porém, uma exigência morfossintática (o elemento a ser inserido deve ser um V) e uma exigência semântica (o elemento a ser inserido deve denotar uma situação télica). Ao mesmo tempo, você pode ver que a construção <capturar> cumpre esses requisitos; afinal, ela pertence à classe dos Verbos e denota uma situação télica. Por isso, conseguimos inseri-la no *slot* aberto da construção <re + V> (o que equivale a dizer que essa inserção produz uma forma gramatical).

Além disso, como você já viu no segundo capítulo, algumas formas verbais com "re-" são agramaticais – por exemplo, "re-estar" e "redançar". Considerando que o mecanismo de integração entre construções exige compatibilidade entre os traços das construções que estão sendo integradas, não é difícil explicar essa agramaticalidade. "Estar" e "dançar", como você já viu, são, respectivamente, verbos de estado e de atividade (logo, nenhum dos dois denota uma situação télica). Se é assim, quando tentamos inseri-los no *slot* aberto do esquema morfológico <re + Verbo>, o resultado são formas agramaticais: *re-estar e *redançar. A imagem a seguir representa as integrações bem-sucedidas e malsucedidas com a construção <re + V>:

Figura 57 – integração de diferentes palavras com a construção <re + Verbo>

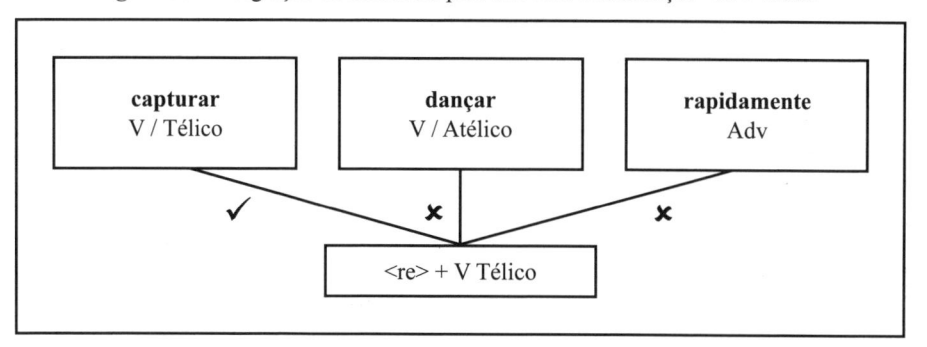

A Figura 57 representa três tentativas de integração entre palavras específicas e o segundo *slot* da construção <re + Verbo>. Como você pode ver na imagem, a primeira tentativa é bem-sucedida, o que se explica pelo fato de que há compatibilidade entre as propriedades gramaticais do item que está sendo inserido e do próprio *slot* em que se tentar fazer a inserção: ambos exibem o traço Verbo e o traço Télico. No segundo caso, diferentemente, a integração é malsucedida, resultando em uma sequência agramatical (*redançar). Aqui, isso ocorre em função da incompatibilidade entre o traço Atélico da construção fechada (a palavra "dançar") e o traço Télico da construção semiaberta. Por fim, a terceira tentativa também é malsucedida – mas, aqui, a incompatibilidade diz respeito às categorias sintáticas. Em particular, ela decorre do fato de que a construção fechada apresenta o traço Advérbio, ao passo de que o *slot* aberto da construção morfológica apresenta o traço Verbo.

A construção <re + Verbo> pertence ao domínio da morfologia derivacional, que se ocupa dos processos de formação de novos lexemas (isto é, os processos que levam à formação de "recapturar" a partir de "capturar"; de "jornaleiro" a partir de "jornal" etc.). Mas o mecanismo de integração entre construção funciona exatamente da mesma maneira para a morfologia flexional, que se ocupa das possibilidades de variação de um mesmo lexema (por exemplo, a possibilidade de modificar a forma "pato", como em "pata" e "patos", para expressar diferentes valores de gênero e número).

Podemos ver isso na prática considerando o construto "copos". Pense o seguinte: se a palavra "copo" precisa necessariamente ser postulada como uma construção independente, o mesmo não se pode dizer da forma "copos". Afinal, é possível gerá-la por meio da integração entre a construção fechada <copo> e alguma construção morfológica semiaberta que expresse a ideia de plural. Na figura a seguir, você pode visualizar essas duas construções:

Figura 58 – Construção de Plural e construção <copo>

FORMA **Fonologia** **Morfossintaxe**	/ˈkɔpʊ/$_1$ N$_1$
SIGNIFICADO **Semântica**	CONTÊINER CILÍNDRICO USADO PARA A INGESTÃO DE LÍQUIDOS

FORMA **Fonologia** **Morfossintaxe**	/A$_1$ + S$_2$/$_3$ [N/Adj$_1$ AFX$_2$]$_{N3}$
SIGNIFICADO **Semântica**	'MAIS DE UMA UNIDADE$_2$ DA ENTIDADE X$_1$ OU DA ENTIDADE QUE TEM A PROPRIEDADE Y$_1$'$_3$

Na parte de cima da figura, vemos a nossa velha conhecida construção <copo>. Na parte de baixo, vemos uma construção nova: um esquema morfológico responsável pela geração de formas no plural. No que se refere à dimensão formal, essa construção é constituída por um segmento fonológico inespecífico representado como A (que corresponde morfossintaticamente a um nome Nome ou Adjetivo) seguido de outro componente fonológico inespecífico, representado como S (que corresponde morfossintaticamente a um Afixo). Note que esse S é fonologicamente inespecífico porque o sufixo de plural pode ser realizado tanto como [s] quanto como [ʃ].

No que se refere ao significado, observe que o S (morfossintaticamente, Afixo) expressa ideia de MAIS DE UMA UNIDADE (conforme indicado pelo índice

2), ao passo que o A (morfossintaticamente, N ou Adj) expressa, como indicado pelo índice 1, uma entidade (caso se trate de um Nome) ou uma propriedade (caso de se trate de um Adjetivo). Assim, a construção como um todo expressa a ideia de MAIS DE UMA UNIDADE DA ENTIDADE X_1 OU DA ENTIDADE QUE TEM A PROPRIEDADE Y_1 (como mostrado pelo índice 3).

Com essa análise, é fácil compreender por que a construção <copo> pode se inserir no *slot* aberto da construção do plural: isso é possível, muito simplesmente, porque essa construção contém o traço N, que se compatibiliza com o traço N da construção morfológica. Da mesma maneira, a construção <bonito> tem o traço Adj, que se compatibiliza com o traço Adj da construção de plural. Como resultado, as formas "copos" e "bonitos" são bem formadas.

O mesmo princípio explica por que formas como "*rapidamentes" e "*des" são impossíveis: ocorre que as construções <rapidamente> e <de> apresentam, respectivamente, os traços Advérbio e Preposição. Isso, é claro, gera um conflito no momento da integração – resultando em agramaticalidade.

Essa análise deve ter dado, em linhas gerais, uma boa noção de como a GC explica a gramaticalidade e a agramaticalidade. Ela, no entanto, deixa algumas pontas soltas. Por exemplo: como lidar com formas em que o plural não consiste, simplesmente, no acréscimo de -s (como "mares" e "carnavais")? Ou ainda: como o falante sabe que a pronúncia do sufixo deve ser [s] ou [ʃ] (e não, digamos, [f]), dado que sua representação fonológica é inespecífica? Por ora, não vamos lidar com esse problema – ele será enfrentado no capítulo "Variação linguística".

INTEGRAÇÃO ENTRE DOIS OU MAIS *SLOTS* ABERTOS

Na seção anterior, nós vimos diversos casos em que a produção de um construto envolve a inserção de uma palavra no *slot* aberto de uma construção gramatical. Existem, porém, casos em que dois ou mais *slots* abertos se fundem. Pense, por exemplo, nos construtos (7a)-(7c) e (8a)-(8c).

(7) a. Maria deu flores para Paulo.
     b. Pinola tocou a bola para Gabigol.
     c. Eles doaram milhões de reais para o projeto social.
(8) a. Foi o anel que a Maria guardou na gaveta.
     b. Foi na gaveta que a Maria guardou o anel.
     c. É aqui que eu moro.

Em (7), temos três construtos que manifestam a Construção Bitransitiva (cuja forma é SUJ + V + OD + OI). Como você já sabe, essa construção denota um cenário de transferência de posse, em que um transferidor (representado pelo Sujeito) transfere alguma coisa (representada pelo Objeto Direto) para um recipiente (representado pelo Objeto Indireto).

Em (8), temos três construtos associados a uma construção que você ainda não encontrou neste livro – vou chamá-la, seguindo a nomenclatura usual em Linguística, de Construção Clivada. Não vamos tentar descrevê-la com precisão, mas é fácil notar que todas essas três sentenças apresentam uma estrutura comum. Em particular, todas se iniciam com o verbo "ser" (que aparece flexionado no passado em (8a) e (8b) e no presente em (8c)) seguido de um *slot* aberto e de uma sequência introduzida por "que", que parece funcionar, formalmente, como uma oração relativa. Informalmente, então, teríamos uma estrutura como SER + SX + QUE Y (em que SX indica que o tipo de sintagma em questão não é especificado e Y indica uma sequência fonológica não especificada).

Note que, do ponto de vista do significado, esse SX sempre indica o foco da proposição expressa. Simplificadamente, você pode pensar no foco como a informação nova veiculada pela sentença. A ideia é a seguinte: quem enuncia (8a) considera que o interlocutor *já sabe* que Maria guardou alguma coisa na gaveta – mas não sabe o que; da mesma maneira, quem enuncia (8b) *já sabe* que Maria guardou o anel em algum lugar – mas não sabe onde. Assim, o elemento que aparece na posição sintática do SX supre a informação que o interlocutor ainda não conhece: em (8a), ele informa que o objeto que Maria guardou na gaveta foi o *anel*; em (8b), ele indica que o lugar onde Maria guardou o anel foi a *gaveta*.[12]

Muito bem: tendo entendido essa parte, considere a sentença "Foi Maria que deu flores para Paulo". Como ela manifesta a construção <SUJ + V + OD + OI>, claramente "Maria" funciona, do ponto de vista do significado, como TRANSFERIDOR. Ao mesmo tempo, como ela manifesta ainda a Construção Clivada, "Maria" funciona, discursivamente, como Foco. Isso significa que, para a criação do construto "Foi Maria que deu flores para Paulo", foi necessário fundir o *slot* de Sujeito da construção <SUJ + V + OD + OI> ao *slot* do SX da Construção Clivada.

O mesmo princípio se aplica à sequência "deu um presente para Paulo": ao mesmo tempo que corresponde ao Predicado (Sintagma Verbal) da Construção <SUJ + V + OD + OI> (afinal, temos aqui um Objeto Direto que denota uma COISA TRANSFERIDA, um verbo de transferência e um Objeto Indireto que denota um Recipiente), ela corresponde também à pressuposição evocada pela

Construção Clivada (afinal, só usamos essa sentença quando presumimos que nosso interlocutor já sabe que um presente foi dado para o Paulo). Isso significa que, para a criação do construto "Foi Maria que deu flores para Paulo", foi necessário fundir ainda o *slot* do Sintagma Verbal da Construção <SUJ + V + OD + OI> ao *slot* da pressuposição da Construção Clivada.

Naturalmente, porém, apenas a integração entre duas construções (semi) esquemáticas não é capaz de gerar um construto: para produzir a sequência concreta "Foi Maria que deu flores para Paulo", precisamos, ainda, que as palavras "Maria", "deu", "flores", "para" e "Paulo" ocupem os *slots* (fundidos) das duas construções mais abstratas. Assim:

Figura 59 – integração entre a construção <SUJ + V + OD + OI> (Construção Bitransitiva), a Construção Clivada e cinco construções preenchidas (palavras), tendo como resultado o construto "Foi Maria que deu flores para Paulo"

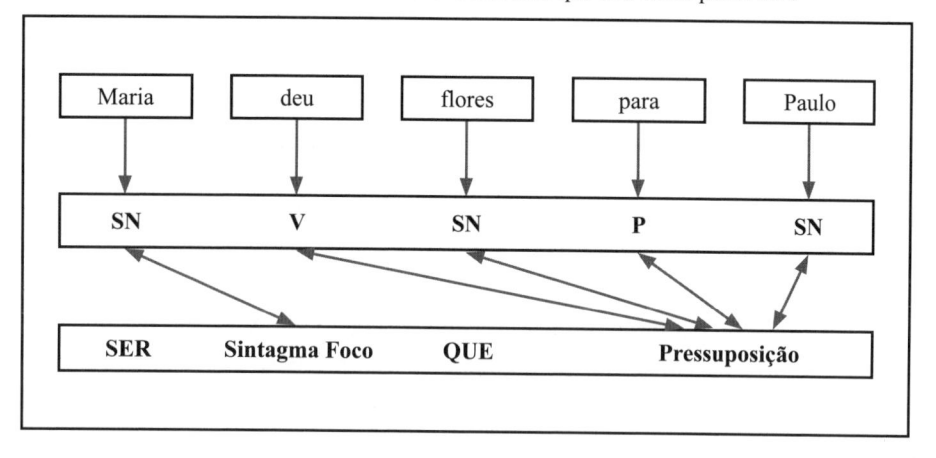

A Figura 59 representa uma situação complexa em que sete construções se integram simultaneamente: cinco palavras, uma construção totalmente aberta (o padrão <SUJ + V + OD + OI>) e a Construção Clivada, que é um padrão semipreenchido. Como já ficou dito, no construto "Foi Maria que deu flores para Paulo", o item "Maria" está associado, simultaneamente, ao *slot* do SN Sujeito da construção <SUJ + V + OD + OI> e ao sintagma da Construção Clivada que marca Foco. Logo, a figura nos mostra uma fusão tripla entre a construção <Maria>, o primeiro *slot* da Construção <SUJ + V + OD + OI> e *slot* situado entre SER e o "que" na Construção Clivada. Observe que, nesse caso, a despeito do que a figura pode sugerir, "Maria" não ocupa primeiro o *slot* de SN da Construção Bitransitiva para que só então ocorra a fusão com um *slot* da Construção Clivada. Na verdade, esses três elementos (uma palavra concreta e dois *slots* abertos) se integram simultaneamente.

De forma semelhante, todas as demais palavras do construto, que correspondem ao Predicado da construção <SUJ + V + OD + OI>, veiculam uma pressuposição. Por isso, também aqui temos uma integração simultânea entre (i) todos os *slots* que compõem o Predicado da construção <SUJ + V + OD + OI>; (ii) o último *slot* da Construção Clivada (associado à marcação de pressuposição); e (iii) todas as construções concretas <deu>, <flores>, <para> e <Paulo>.

O que essa figura mostra é que a integração nem sempre envolve, simplesmente, palavras concretas e *slots* abertos. Embora a criação de um construto requeira, necessariamente, que palavras sejam recrutadas, em muitos casos nós vemos primeiro, adicionalmente, a fusão de dois ou mais *slots* abertos – por exemplo, o primeiro SN da construção <SUJ + V + OD + OI> e o *slot* da Construção Clivada associado ao Foco da proposição a ser expressa.

O MECANISMO DE COERÇÃO

Você já sabe que a integração entre um item e um *slot* aberto depende da existência de compatibilidade entre esses elementos. Em alguns casos, no entanto, acontece o seguinte: ao tentamos encaixar um item em um *slot* com o qual ele não seria compatível, esse item tem suas propriedades modificadas – o que propicia a compatibilidade e permite a integração. Esse fenômeno é chamado de **coerção**.

A título de exemplo, considere a construção <Há X UT atrás>, em que X é um numeral e UT significa Unidade de Tempo. Essa construção licencia construtos como "Há 15 minutos atrás", "Há 300 milissegundos atrás" e "Há quatro décadas atrás".

Agora, imagine duas situações. Na primeira, você está conversando com um amigo no bar, quando ele diz: "Não estou lembrado de você ter contado essa piada". Na segunda, vocês estão assistindo a um jogo de futebol quando, a certa altura, ele pergunta: "Em que momento o Bruno Henrique foi substituído, que eu não vi?". Suas respostas são, respectivamente, as seguintes:

(9)   Eu contei há oito copos de cerveja atrás – normal você não lembrar.
(10)   Ele saiu há dois gols atrás.

Diferentemente de "minutos", "milissegundos" e "décadas", "copos de cerveja" e "gols" não são, em princípio, unidades de tempo – e, por isso, esses elementos deveriam ser barrados na construção <Há X UT atrás>. Isto é: a tentativa de encaixar esses elementos no *slot* UT deveria produzir uma sentença agramatical, dada a incompatibilidade entre a propriedade semântica do *slot* (a informação Unidade de Tempo) e as propriedades semânticas dos itens (que não se qualificam como unidades de tempo). Isso, porém, não acontece: as sentenças em (9) e (10) são perfeitamente gramaticais.

A explicação para a gramaticalidade está no mecanismo de coerção. O que acontece aqui é que, em (9), nós não interpretamos "três copos de cerveja", exatamente, como *oito unidades de copos preenchidos por cerveja*, e sim como *o tempo transcorrido para que os presentes tomassem oito copos de cerveja*. De maneira análoga, a sequência "dois gols", no contexto de (10), passa a ser interpretada como *o tempo que levou para que acontecessem dois gols*. A lógica, então, é a seguinte: uma vez inseridos na construção <Há X UT atrás>, itens que não denotam, inerentemente, uma unidade de tempo passam a ser lidos como unidades de tempo – e isso permite que a integração seja bem-sucedida.

Vejamos um segundo exemplo, agora com a nossa velha conhecida construção <re + Verbo>. No capítulo "O conhecimento linguístico como inventário de construções", nós dissemos, com base na análise de Meirelles e Cançado (2014), que ela veicula a ideia de repetição de uma situação télica. Mas essa não é toda a história: as autoras também defendem que o prefixo re- só aceita verbos que tenham um resultado reversível. É por isso, segundo elas, que não podemos usar "re-explodir" e "reamadurecer" – afinal, uma vez que uma bomba explode e uma fruta amadurece, por exemplo, elas não podem retornar ao estado original. Em termos construcionistas, então, teríamos que acrescentar essa restrição à construção <re + Verbo>.

Talvez você lembre que, no segundo capítulo, nós imaginamos a seguinte situação hipotética: uma pessoa chega muito cedo a uma festa, percebe o constrangimento do anfitrião e diz que prefere ir embora para poder "rechegar" dali a uma hora. Agora, pense comigo: o verbo "chegar", assim como "explodir" e "amadurecer", também não tem um resultado reversível: quem chega não consegue "deschegar". Se é assim, a tentativa de inseri-lo no *slot* verbal da construção <re + Verbo> deveria produzir agramaticalidade (afinal, esse *slot*, com a modificação que acabamos de introduzir, passou a exigir verbos com resultados reversíveis). Mas, caso alguém produza a forma "rechegar", em um contexto como o da nossa história fictícia, como poderíamos explicá-la?

Você acertou: por meio do processo de coerção. Quando lemos a frase "Melhor eu ir para casa e rechegar daqui a uma hora", entendemos que o falante está tratando a chegada como um fato reversível – é como se todos pudessem "deletar" a primeira chegada (fingindo que ela nunca aconteceu) e "resetar" a situação como um todo. Para a GC, essa interpretação é consequência da inserção de "chegar" no *slot* verbal da construção <re + chegar>: a ideia é a de que a inserção de um verbo irreversível em um *slot* que especifica a propriedade *reversível* nos leva reinterpretar o verbo, naquele contexto, como reversível. Nesse caso, então, diremos que ocorreu o processo de coerção, por meio do qual a construção preenchida <chegar> se acomodou às propriedades da construção semipreenchida <re + Verbo>.

Moral da história: quando nós tentamos integrar duas construções que em princípio são incompatíveis, dois resultados são possíveis. Uma possibilidade é, muito simplesmente, a agramaticalidade. Outra possibilidade é que o item concreto se conforme, ou se amolde, à construção mais aberta, sofrendo alguma alteração nas suas propriedades. Essa segunda possibilidade corresponde ao processo de coerção.

SÍNTESE DO CAPÍTULO

1. O terceiro e último princípio definidor da GC estabelece que construções podem ser combinadas entre si, de modo a produzir enunciados concretos (isto é, construtos).

2. Esse processo, referido como integração entre construções, requer que os traços das construções que estão sendo integradas sejam compatíveis. A combinação entre construções com traços compatíveis resulta em uma sequência gramatical, ao passo que a integração entre construções com traços incompatíveis resulta (em princípio) em uma sequência agramatical.

3. O processo de integração pode ocorrer entre palavras e construções (semi)esquemáticas. Nesse caso, as palavras *ocupam* (ou *preenchem*) *slots* das construções mais abertas.

4. O mesmo processo pode ser dar entre duas ou mais construções (semi) esquemáticas. Nesse caso, dois ou mais *slots* abertos são fundidos, resultando em uma posição que reúne propriedades de construções distintas.

5. Às vezes, a tentativa de integrar construções com traços incompatíveis não resulta em agramaticalidade. Isso acontece quando o processo de integração força uma alteração nas propriedades de uma das duas construções envolvidas, tornando-as compatíveis. Esse mecanismo é chamado de coerção.

Formalismo e funcionalismo em Gramática de Construções

Se tivéssemos que resumir, em poucas palavras, tudo o que já foi abordado neste livro, diríamos o seguinte: a Gramática de Construções é um modelo científico que busca caracterizar o conhecimento linguístico do falante como *um inventário de construções gramaticais* (Princípio 1) *que estão organizadas em rede* (Princípio 2) *e que podem ser combinadas entre si* (Princípio 3). Essa formulação, porém, tem um problema: ela sugere que a GC é *um único* modelo teórico – isto é, uma entidade monolítica e homogênea, sem quaisquer divisões internas.

A verdade, porém, é que atualmente não existe uma única Gramática de Construções, e sim um conjunto heterogêneo de abordagens de base construcionista. Cada uma dessas abordagens é um modelo distinto, com nome próprio e um conjunto de propriedades que o individualizam. Todas elas, porém, aderem aos três princípios fundamentais da GC (ou não poderiam ser consideradas construcionistas).

Segundo uma obra de referência da área, o *The Oxford Handbook of Construction Grammar* (Hoffmann; Trousdale, 2013), haveria exatamente sete modelos construcionsitas atualmente disponíveis no mercado teórico. Essa situação pode ser representada assim:

Figura 60 – a GC como uma família de modelos construcionistas

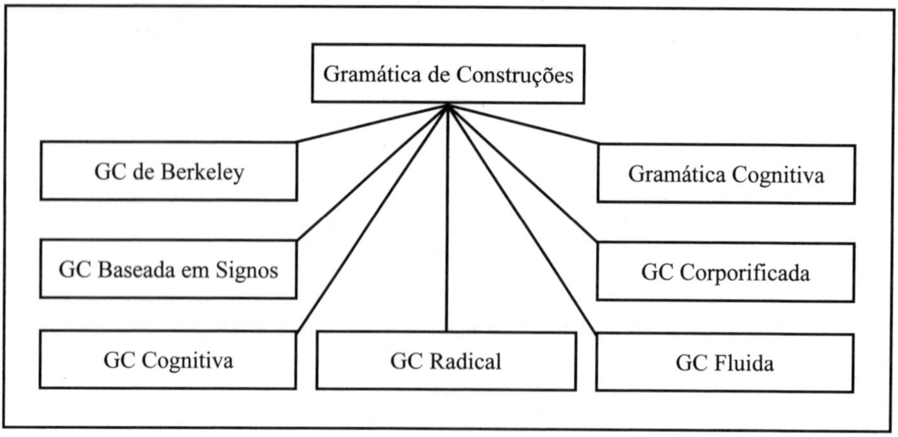

Na parte de baixo da Figura 60, vemos sete modelos construcionistas específicos, cada qual com sua denominação própria. Nesse cenário, o termo "Gramática de Construções" deixa de fazer referência a um modelo único e passa a designar uma família de modelos construcionistas aparentados.

Outra maneira de dizer isso é a seguinte: na atualidade, a Gramática de Construções "pura" (isto é, sem nenhuma qualificação adicional) é uma idealização. Isso significa que, hoje, o termo "Gramática de Construções" nomeia uma espécie de arquimodelo genérico, que se caracteriza pelo conjunto de propriedades comuns a todos os modelos particulares. Foi precisamente esse arquimodelo que você estudou nos primeiros cinco capítulos deste livro.

Mas aqui há um ponto importante: embora os diferentes modelos construcionistas tenham suas particularidades, eles podem ser agrupados em duas grandes categorias. Em termos concretos, podemos organizá-los da seguinte forma: em um grupo, ficam a GC de Berkeley e a GC Baseada em Signos; no outro, ficam a GC Cognitiva, a GC Radical, a GC Fluida, a GC Corporificada e a Gramática Cognitiva. Visualmente, essa divisão fica assim:

Figura 61 – a GC como uma família de modelos construcionistas, com os modelos divididos em subgrupos

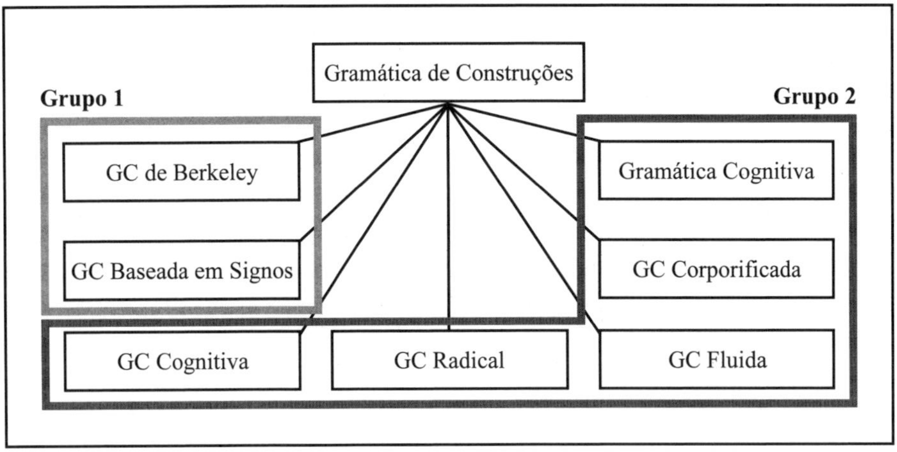

De maneira geral, a distinção entre esses dois grupos está associada à oposição clássica entre *linguística formal* (ou formalismo) e *linguística funcional* (ou funcionalismo). Em termos simples, a GC de Berkeley e a GC Baseada em Signos são modelos associados à tradição da linguística formal, ao passo que a GC Cognitiva, a GC Radical, a GC Fluida, a GC Corporificada e a Gramática Cognitiva filiam-se à tradição da Linguística funcional. Se é assim, nós podemos reconhecer, para além da variedade de modelos particulares, duas grandes vertentes da Gramática de Construções: uma formalista e uma funcionalista.

Formalismo e funcionalismo em Linguística

De maneira geral, a diferença entre as tradições formalista e funcionalista em Linguística pode ser caracterizada assim: a primeira trata a língua como um sistema formal autônomo, ao passo que a segunda a concebe, primariamente, como um instrumento de comunicação, cujas propriedades formais decorrem das suas funções comunicativas. Para aprender mais sobre formalismo e funcionalismo em Linguística, leia o capítulo "Forma × Função" do livro *A linguística no século XXI* (França; Ferrari; Maia, 2016).

Ao longo deste livro, a vertente formalista da GC será chamada, muito simplesmente, de Gramática de Construções Formalista (GCF), ao passo que vertente funcionalista será referida como Gramática de Construções Baseada no Uso (GCBU). Note que (assim como a própria expressão "Gramática de Construções") esses termos denotam modelos idealizados: a GCF é uma abstração baseada nas propriedades comuns a todos os modelos de orientação formalista, e a GCBU é uma abstração baseada nas propriedades comuns a todos os modelos funcionalistas. Essa situação pode ser representada assim:

Figura 62 – cenário da GC na atualidade

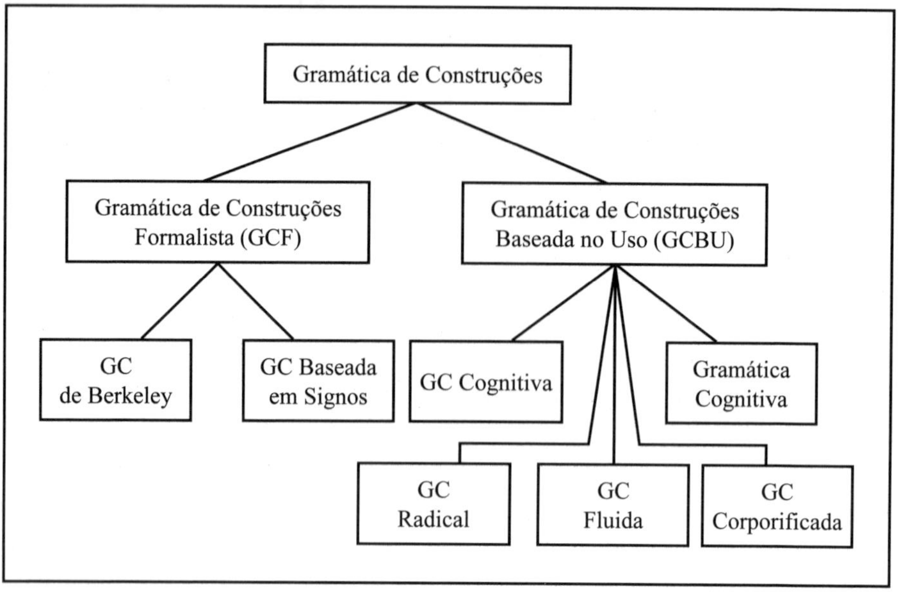

A Figura 62 mostra um cenário mais complexo do que aquele apresentado na Figura 60: agora, afinal de contas, não temos mais apenas dois níveis, e sim três (os sete modelos particulares, a GC "pura" e, no nível intermediário, a GCF e a GCBU). Observe que, quanto mais nós descemos nessa rede, mais informações encontramos em cada modelo. Em termos concretos: enquanto a GC "pura" pode ser caracterizada por apenas três informações (os Princípios 1, 2 e 3), a GCF e GCBU incluem essas três informações e *mais* certas posições teóricas associadas à tradição da Linguística formal (no primeiro caso) e funcional (no segundo). Por fim, todos os modelos apresentados na parte de baixo da rede incluem (i) os três princípios próprios da GC "pura"; (ii) premissas associadas à tradição da Linguística formal (no caso da GC de Berkeley e da GC Baseada em Signos) ou da Linguística funcional (no caso dos demais modelos); e (iii) certas propriedades que individualizam cada um deles.

Até este momento, nós estamos estudando a GC "pura". Na parte II, como você já sabe, nos deteremos, especificamente, sobre a GCBU. Mas, antes de disso, precisamos entender com clareza qual é a diferença entre ela e a GCF. É para esse ponto que nos voltamos na próxima seção.

GRAMÁTICA DE CONSTRUÇÕES FORMALISTA *VERSUS* GRAMÁTICA DE CONSTRUÇÕES BASEADA NO USO

Na seção anterior, você viu que os sete modelos construcionistas particulares podem ser agrupados em duas categorias: um grupo de modelos formalistas e um grupo de modelos funcionalistas. Isso nos permite postular dois arquimodelos genéricos, idealizados, que estamos chamando aqui de Gramática de Construções Formalista e de Gramática de Construções Baseada no Uso. Diante disso, cabe fazer a seguinte pergunta: em que consiste, exatamente, a diferença entre esses dois (arqui)modelos?

Em alguma medida, você já sabe a resposta: a GCF, estando associada à tradição formalista, enxerga a língua como um sistema formal autônomo; a GCBU, estando associada à tradição funcionalista, enxerga a língua como um instrumento de comunicação. Isso é verdade, sem dúvida, mas também parece ser uma resposta excessivamente vaga. Afinal, ela não nos diz nada sobre como diferenciar *na prática* uma análise gramatical baseada na GCF de uma análise baseada na GCBU.

Nesta seção, você aprenderá que, para diferenciar concretamente essas duas abordagens, é necessário recorrer a dois critérios: a *redundância representacional* e a *existência de construções defectivas*. Na sequência, trataremos separadamente de cada um deles.

Redundância representacional

Para entender, na prática, o problema da redundância representacional, considere os seis itens abaixo.

(1)   jornal
(2)   flor
(3)   varal
(4)   jornalista
(5)   florista
(6)   varalista

As palavras (1) a (5) são perfeitamente convencionais no português brasileiro. Já a palavra (6) não está dicionarizada nem é comumente utilizada pelos falantes (na verdade, eu acabei de inventá-la). Mas, se você estivesse procurando um profissional para consertar seu varal e alguém dissesse que conhece "um bom varalista", não teria dificuldade alguma em interpretá-la. No fim das contas, então, o fato é que nós somos capazes de produzir e compreender adequadamente todas as palavras anteriores.

Se é assim, a GC deve poder explicar essa capacidade. No que diz respeito a palavras monomorfêmicas, como "jornal", "cartaz" e "varal", não há muito o que inventar: qualquer abordagem construcionista vai assumir que cada um desses itens corresponde a uma construção distinta e está, portanto, diretamente armazenado no *constructicon*. Existe controvérsia, no entanto, quando se trata de palavras derivadas. Isso porque há duas maneiras de dar conta delas no âmbito da GC – uma associada à GCF e outra associada à GCBU.

A primeira possibilidade, adotada pela GCF, consiste em considerar que palavras derivadas, como "jornalista" e "florista", não devem ser representadas diretamente no *constructicon* – afinal, é possível *montá-las* por meio da combinação entre uma construção totalmente preenchida ("jornal", "flor") e uma construção morfológica semipreenchida (<N + ista>). Nesse caso, então, assumiremos que o *constructicon* contém as palavras (1) a (3) e a construção <N + ista>, mas não as palavras (4) a (6). Assim:

Figura 63 – explicação da GCF para as palavras (1) a (6) (sem redundância)

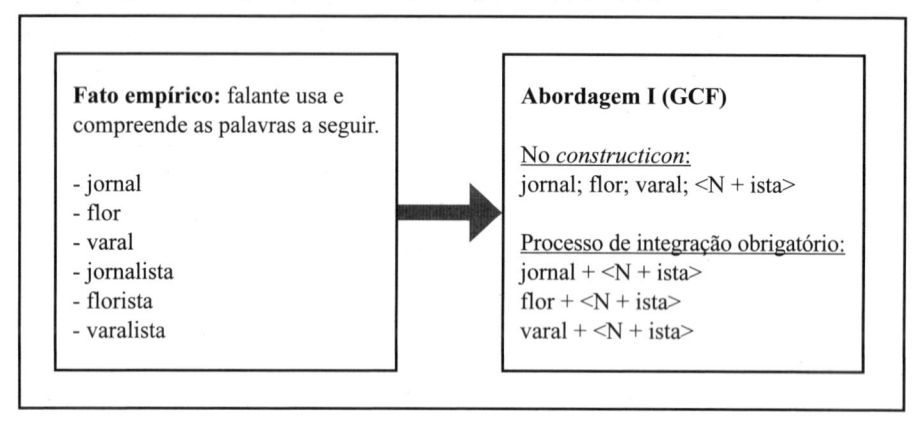

A segunda possibilidade, defendida pela GCBU, é considerar que as palavras com as quais o falante já se deparou estão representadas no seu *constructicon*. Nesse caso, então, consideraremos que não apenas as palavras monomorfêmicas (1) a (3), mas também as palavras derivadas (4) e (5), deverão ser incluídas na rede de construções. O mesmo, porém, não acontece com "varalista", dado que os falantes do português nunca tiveram contato com essa palavra. Nesse caso, o tratamento será o seguinte:

Figura 64 – explicação da GCBU para as palavras (1) a (6) (com redundância)

Fato empírico: falante usa e compreende as palavras a seguir.	Abordagem II (GCBU)
- jornal - flor - varal - jornalista - florista - varalista	No *constructicon*: jornal; flor; varal; jornalista; florista; <N + ista> Processo de integração obrigatório: varal + <N + ista>

Temos, portanto, duas propostas construcionistas divergentes para dar conta do conjunto de palavras em (1) a (6). Na primeira, representada na Figura 63, reconhecemos, no *constructicon*, apenas quatro construções, ao mesmo tempo que recorremos ao processo de combinação para gerar todas as palavras derivadas. Já na segunda, representada na Figura 64, reconhecemos, no *constructicon*, seis construções, e só precisamos recorrer ao processo de integração para gerar a palavra inédita, que não poderia estar memorizada.

Comparando essas duas figuras, você pode constatar que, no segundo caso, mas não no primeiro, existe *redundância representacional*. Para entendermos esse ponto, vamos focar na palavra "jornalista". Na abordagem da GCF, só há uma maneira de explicar o fato de que o falante é capaz de usá-la corretamente: devemos assumir que ele combinou a construção preenchida "jornal" à construção semipreenchida <Nome + ista>. Na abordagem da GCBU, diferentemente, existem dois caminhos para explicar o mesmo fato: ou assumimos, como no primeiro caso, que o falante combinou duas construções, ou consideramos que ele acessou a palavra "jornalista" já montada (uma vez que, na proposta da GCBU, essa palavra está diretamente representada no *constructicon*).

É por isso que o tratamento da GCBU (mas não o da GCF) é redundante: porque ele oferece dois caminhos distintos para chegar ao mesmo lugar. Em princípio, essa opção pode parecer estranha: se já existe a possibilidade de "montar" a palavra "jornalista" via integração, qual é a vantagem se considerar, adicionalmente, que o falante a armazena diretamente no seu *constructicon* sob a forma de uma construção independente?

Para os adeptos da GCBU, a resposta simples: porque há motivos para supor que ela de fato *está* armazenada na nossa memória, ainda que isso não seja necessário. Com isso, queremos dizer o seguinte: para a GCBU, muito embora o falante não *precisasse* ter a palavra "jornalista" representada no seu *constructicon* (porque ele teria sempre opção de combinar outras duas construções), o fato é que ele provavelmente *tem* essa construção armazenada. No fundo, o que esses linguistas estão dizendo é o seguinte: a mente humana *é* redundante (porque ela oferece dois caminhos distintos para o mesmo destino); então, se a minha representação do conhecimento linguístico pretende refletir o que está na mente do falante, ela também deverá exibir algum grau redundância.

Mas o que nos leva a supor que "a mente humana é redundante"? Para entender esse ponto, pense sobre a seguinte pergunta: como é possível que os falantes do português venham a ter, no seu *constructicon*, o esquema morfológico <Nome + ista>? A resposta dos linguistas alinhados à GCBU é a seguinte: primeiro, eles armazenam palavras individuais, como "jornalista" e "florista"; depois, eles identificam afinidades formais e semânticas entre essas palavras. Esse processo de identificação de afinidades corresponde, precisamente, à emergência do padrão abstrato <Nome + ista>. A ideia pode ser ilustrada assim:

Figura 65 – processo de emergência da construção <Nome + ista>

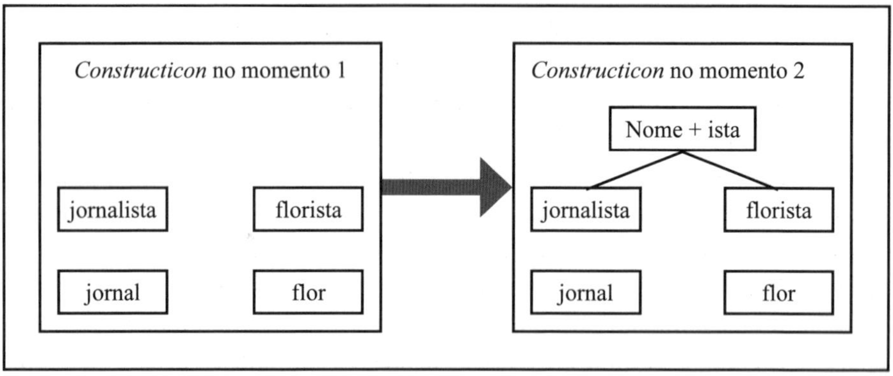

Como você pode ver, a redundância representacional assumida pela GCBU é uma decorrência natural da maneira como as construções semipreenchidas (ou não preenchidas) são adquiridas. A ideia é a de que, para que o falante chegue a ter o esquema morfológico abstrato no seu *constructicon*, ele precisa, antes, ter armazenado a construção preenchida. A consequência é que, no fim das contas, ele acabará tendo à disposição duas maneiras distintas de chegar à mesma palavra: via combinação de construções (recorrendo ao padrão abstrato) e via acesso direto a uma forma já pronta.

Em suma, temos aqui duas maneiras de caracterizar o conhecimento linguístico do falante: *sem redundância representacional*, isto é, sem representações adicionais desnecessárias; e *com redundância representacional*, isto é, com a postulação de elementos que, em princípio, não seriam necessários. Essa dupla possibilidade nos oferece, como dissemos mais acima, um primeiro caminho para diferenciar a GCF da GCBU: enquanto a primeira abordagem rejeita a redundância representacional, a segunda a abraça sem restrições.

Existência de construções defectivas

Ao longo de todo este livro, temos insistido na ideia de que construções gramaticais são *pareamentos de forma e significado*. Isso significa, como enfatizado no capítulo "O conhecimento linguístico como inventário de construções", que elas são unidades bipolares – isto é, devem ter necessariamente dois polos (forma *e* significado), e não apenas um (só a forma ou só o significado).

Mas há, no campo da GC, divergências a esse respeito: alguns gramáticos construcionistas acreditam que construções bipolares são apenas o caso *típico* (e não o único). Ou seja: esses gramáticos admitem que construções gramaticais normalmente apresentam forma e significado – mas entendem que certas construções podem conter *apenas informações formais*, sem qualquer informação de significado. Aqui, vamos nos referir a elas como *construções defectivas*.

Muito bem: a crença na existência de construções defectivas é o segundo critério que nós podemos utilizar para distinguir a GCF da GCBU. Como você talvez já tenha adivinhado, abordagens formalistas (isto é, aquelas vinculadas à GCF) sustentam que a rede construcional pode conter construções defectivas, ao passo que abordagens funcionalistas (isto é, aquelas vinculadas à GCBU) assumem que todas as construções incluem, de fato, forma e significado.

Mas o que seria, concretamente, uma construção sem significado? Para entender isso na prática, observe os exemplos a seguir.

(7)   O gato quebrou o copo.
(8)   Maurício chutou a bola.
(9)   Ivan ama Fidel.
(10)   Carlos escreveu a carta.

Nas quatro sentenças, o elemento sublinhado funciona, sintaticamente, como objeto direto. Semanticamente, porém, há diferenças claras entre eles: em (7), o copo sofre mudança de estado como consequência da ação do gato;

em (8), a bola sofre mudança de lugar (e não propriamente de estado) como consequência da ação de Maurício; em (9), Fidel não sofre mudança alguma (ele pode nem mesmo estar ciente do amor de Ivan); por fim, em (10), a carta só vem a existir em função da ação de Carlos (o que a distingue do copo, da bola e de Fidel, cuja existência não depende da ação do referente do sujeito). Tradicionalmente, essas diferenças são capturadas por meio da ideia de papéis temáticos. Assim, podemos dizer que "o copo" tem papel temático de *paciente*; "a bola" tem papel de *tema*; "Fidel" tem papel de *objeto estativo*; e "a carta" tem papel de *effectum*.[13]

Outra maneira de dizer a mesma coisa é pensar na situação descrita pela sentença como um todo (e não apenas no valor semântico do objeto direto). Observe: a primeira sentença descreve uma situação de mudança de estado; a segunda representa um cenário de mudança de lugar; a terceira expressa uma relação mais abstrata entre duas entidades, em que ambas preexistem, mas uma não afeta a outra; e a quarta denota um processo de criação, em que uma nova entidade passa a existir graças à ação de alguma entidade preexistente.

A esta altura, o ponto principal já deve estar claro: as sentenças (7) a (10) são sintaticamente semelhantes (todas são formas por um sujeito e um predicado, e em todas esse predicado contém um verbo e um objeto direto), mas semanticamente diferentes (já que cada uma denota um tipo distinto de situação). Ou seja, a partir delas, parece ser possível abstrair uma *estrutura sintática* comum (vamos nos referir a essa estrutura, simplificadamente, como Sujeito-Verbo-Objeto, ou SVO), mas não uma *representação semântica* única.

Diante de situações como essa, é possível argumentar o seguinte: se nós insistirmos que uma construção deva ser, necessariamente, um pareamento de forma e significado, teremos que aceitar que cada uma das sentenças (7) a (10) é um construto de uma construção distinta. Isso é possível, sem dúvida, mas tem um custo: estaremos deixando de capturar uma regularidade sintática que o falante aparentemente domina (isto é, o fato de que falantes do português sabem que um padrão estrutural possível para as sentenças da língua, independentemente do significado expresso, é o padrão SVO).

À luz da GC, contudo, só existe uma maneira de capturar uma regularidade: postular uma construção. Então, se nós quisermos dar conta do fato de que o falante conhece determinado padrão sintático, e não conseguirmos identificar um valor semântico único associado a esse padrão, só há uma solução: postular uma construção que inclua informações sintáticas (a estrutura SVO), mas não especifique qualquer informação semântica. Nesse caso, teríamos uma rede construcional assim:

Figura 66 – rede construcional da família de construções SVO com uma construção defectiva

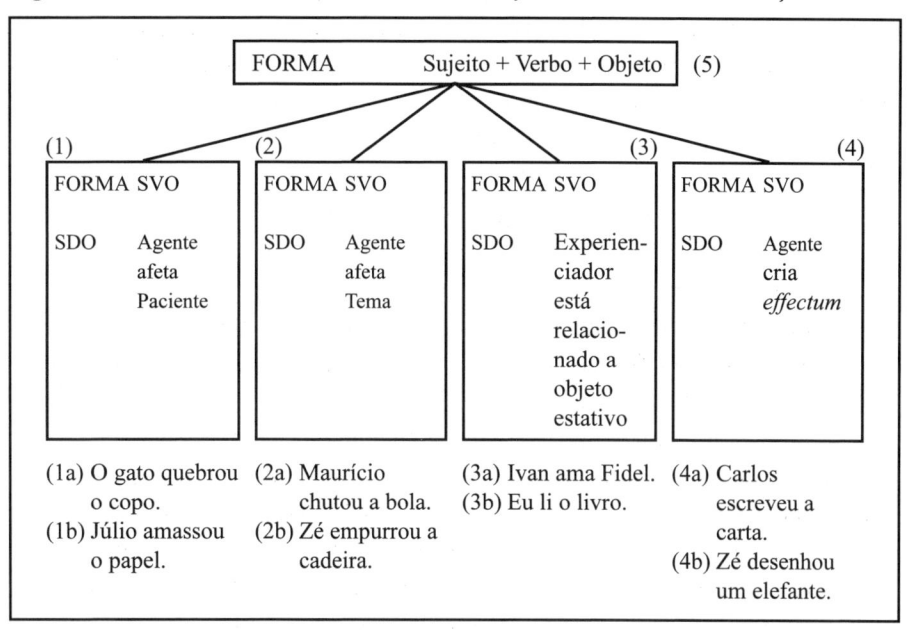

Na parte inferior da Figura 66, vemos quatro duplas de construtos. A partir de cada dupla, é possível abstrair uma construção SVO distinta: (1a) e (1b) permitem reconhecer a construção (1), que especifica, no polo do significado a ideia de que AGENTE AFETA PACIENTE; (2a) e (2b) permitem postular a construção (2), cujo significado pode ser formulado como AGENTE AFETA TEMA; (3a) e (3b) permitem postular a construção (3), que apresenta, no polo do significado, a ideia de que EXPERIENCIADOR ESTÁ RELACIONADO A OBJETO ESTATIVO; e (4a) e (4b) permitem postular a construção (4), que veicula a ideia de que AGENTE CRIA *EFFECTUM*.

Embora sejam semanticamente distintas, essas quatro construções são sintaticamente semelhantes, na medida em que todas elas apresentam estrutura SVO. Com isso, se quisermos continuar subindo na rede construcional, a fim de postular uma construção ainda mais abstrata, seremos obrigados a reconhecer uma construção sem polo de significado – isto, é uma construção defectiva. E é precisamente isso que você vê no alto do diagrama: uma construção gramatical que tem polo da forma (o qual especifica a estrutura sintática comum a todas as construções subordinadas), mas não tem polo do significado (precisamente porque as construções subordinadas são semanticamente dissimilares).

A solução da Figura 66, você já sabe, é aquela advogada pela GCF, que admite a existência de construções defectivas. Mas como a GCBU lida com casos como os das sentenças (7) a (10)?

Uma possibilidade é, muito simplesmente, considerar que o *constructicon* inclui quatro construções independentes: as quatro construções não preenchidas numeradas na Figura 66 como (1), (2), (3) e (4). Isto é: dado que essas quatro construções não compartilham traços de forma *e* de significado, elas não nos permitem postular uma construção mais abstrata.

Há, porém, outra maneira de encarar a situação. Para a linguista Adele E. Goldberg, uma das lideranças atuais do movimento construcionista, o significado de uma construção SVO não precisa necessariamente envolver uma situação específica, como AGENTE AFETA PACIENTE ou AGENTE CRIA *EFFECTUM*. Para ela, podemos dizer, simplesmente, que todas essas construções têm função semântica de *predicação* (Goldberg, 2013: 19). Em essência, o argumento de Goldberg é o seguinte: nós tendemos a buscar significados bastante concretos para as construções – como os diferentes tipos de situação denotados pelas frases (7) a (10) –, mas nem sempre as coisas serão assim. Algumas construções, a rigor, apresentarão um significado altamente abstrato – como é o caso da ideia de predicação. Para Goldberg, se nós atentarmos para esses significados mais elusivos, veremos que certas construções às vezes tidas como defectivas (como é o caso do padrão SVO) na verdade não seriam destituídas de conteúdo semântico.

Para o linguista Ray Jackendoff, contudo, mesmo essa proposta é insuficiente. Na interpretação desse linguista, só podemos afirmar que uma determinada construção SVO desempenha a função de predicação quando seu objeto sintático é também argumento semântico do verbo (Jackendoff, 2013: 79) – e, ao que tudo indica, há diversos casos em que esse alinhamento entre sintaxe e semântica simplesmente não ocorre.

Para entender esse ponto, considere o exemplo "Maurício chutou a bola". O cenário evocado pelo verbo "chutar" inclui, como você sabe, duas entidades: o chutador (agente) e a coisa chutada (tema). Se é assim, o sintagma nominal "a bola" denota uma entidade que existe no cenário evocado pelo verbo. E, com efeito, isso parece ser verdadeiro para todas as construções mais baixas da Figura 66: em todos os casos, o objeto sintático corresponde a um argumento semântico.

Jackendoff (2013), contudo, chama a atenção para alguns casos que parecem violar essa correspondência. Os exemplos dados por ele são da língua inglesa, mas abaixo você pode ver alguns casos (em alguma medida) análogos do português:

(11)   Júlio chutou o balde.
(12)   Astolfo tomou uma decisão.
(13)   O Ricardo está todo se querendo.

Na esteira de Jackendoff (2013), é possível supor que, em (11), (12) e (13), o sintagma sublinhado (respectivamente, "o balde", "uma decisão" e "se") é um argumento sintático. Apesar disso, seria difícil afirmar que eles correspondem também a argumentos semânticos. Em (11), por exemplo, temos uma expressão idiomática em que "o balde" não parece ter um significado próprio: aqui, o predicador parece ser a expressão inteira, "chutar o balde", que significa algo como "desistir". Se é assim, temos aqui uma situação em que, embora "o balde" seja objeto direto de "chutar", esse sintagma nominal não corresponde a um argumento semântico desse verbo.

Em (12) e (13), algo semelhante parece acontecer. Em (12), o objeto sintático "uma decisão" não parece ser um argumento semântico do predicador "tomar" – em vez disso, faz mais sentido tratar a sequência inteira ("tomar uma decisão") como predicador (aproximadamente equivalente a "decidir"). Analogamente, em (13), o objeto sintático "se" definitivamente não é argumento semântico de "querer": se, em "Ela quer pastel", "pastel" designa a coisa desejada por ela, em "O Ricardo está todo se querendo", o pronome "se" não designa a entidade desejada por Ricardo.

Para Jackendoff, o que esses exemplos sugerem é o seguinte: nem mesmo a função altamente abstrata de "predicação" dá conta de abarcar todos os casos em que a sentença exibe estrutura SVO. Por isso, para ele, é preciso postular uma construção que apresente *apenas* a estrutura SVO – sem qualquer significado associado (exatamente como se vê na Figura 66). Ou seja, uma construção defectiva.

Esse debate ainda está em curso: de um lado, linguistas de formação funcionalista tendem a rejeitar a ideia de que certas estruturas formais são simplesmente destituídas de significado; de outro, aqueles que se identificam com a tradição formalista não têm qualquer problema admitir que, embora este não seja o caso típico, certos padrões formais não estão vinculados a qualquer conteúdo semântico ou pragmático. No cenário atual, portanto, a rejeição ou o reconhecimento das construções defectivas é mais um parâmetro que nos permite distinguir entra a Gramática de Construções Formalista e a Gramática de Construções de Baseada no Uso.

SÍNTESE DO CAPÍTULO

1. A GC hoje não pode ser considerada um modelo único e monolítico; em vez disso, ela deve entendida como uma família de modelos teóricos mais ou menos afins.

2. O mercado teórico contemporâneo da GC pode ser caracterizado como uma rede hierárquica em três níveis: no nível mais baixo, temos um conjunto de modelos particulares; no nível intermediário, a Gramática de Construções Formalista (GCF) e a Gramática de Construções Baseada no Uso (GCBU); no nível mais alto, a Gramática de Construções "pura".

3. Enquanto a GCF está associada à tradição da Linguística formal, a GCBU está associada à tradição da Linguística funcional.

4. Em termos práticos, a diferença entre as duas vertentes pode ser estabelecida com base em dois critérios: *redundância representacional* e *existência de construções defectivas*. A redundância representacional diz respeito à postulação, no *constructicon*, de construções descritivamente desnecessárias. Construções defectivas, por seu turno, são construções que contêm apenas o polo da forma (isto é, não têm polo do significado).

5. Dados esses dois parâmetros, é possível afirmar o seguinte: enquanto a GCF recusa a redundância e admite a defectividade, a GCBU admite a redundância e recusa a defectividade.

PARTE II

GRAMÁTICA DE CONSTRUÇÕES BASEADA NO USO

Visão geral da Gramática de Construções Baseada no Uso

No capítulo anterior, você aprendeu que o campo da Gramática de Construções está cindido em duas grandes vertentes: a GCF, associada à tradição da Linguística formal, e a GCBU, associada à tradição da Linguística funcional. Estabelecida essa distinção, passamos a tratar, a partir de agora, apenas da GCBU.

Assim como a GC "pura", também a GCBU pode ser caracterizada a partir de três princípios fundamentais. Neste capítulo, então, vamos apresentar cada um deles. Com isso, o objetivo é oferecer uma visão panorâmica dessa abordagem, a ser aprofundada nos próximos capítulos.

PRINCÍPIO 1: O CONHECIMENTO LINGUÍSTICO TEM A FORMA DE UM INVENTÁRIO DE CONSTRUÇÕES GRAMATICAIS QUE SE ORGANIZAM EM REDE E PODEM SER COMBINADAS ENTRE SI

Como você deve lembrar, a Gramática de Construções é caracterizada por um princípio ontológico (o conhecimento linguístico tem a forma de um inventário de construções gramaticais), um princípio de organização (as construções se organizam em rede) e um princípio de funcionamento (as construções podem ser combinadas entre si). Se é assim, então o Princípio 1 da Gramática de Construções Baseada no Uso, que dá título a esta seção, nada mais é do que a combinação dos três princípios fundamentais da GC em uma única frase.

Isso faz sentido. Afinal, a GCBU é um tipo de GC – e, por isso, deverá herdar as suas propriedades. Dito de outro modo, os três princípios que valem para a GC "pura" devem valer também para a GCBU. Para simplificar, porém, nós reunimos esses três princípios em uma formulação única – que será tratada aqui como o Princípio 1 da GCBU.

PRINCÍPIO 2:
O CONHECIMENTO LINGUÍSTICO É PERMANENTEMENTE MOLDADO PELA EXPERIÊNCIA LINGUÍSTICA DO FALANTE

Se o Princípio 1 da GCBU é, tão somente, uma combinação dos três princípios fundamentais da GC, o mesmo não é verdade para os Princípios 2 e 3. Com efeito, esses dois são os princípios que distinguem a GCBU da sua prima-irmã formalista, a GCF.

Para entender o Princípio 2, imagine a seguinte situação: ao visitar a casa de um amigo, você conhece o gato dele e brinca por alguns minutos com o animal. Depois dessa visita, você terá uma representação desse gato na memória. Com o tempo, porém, caso você não volte a visitar seu amigo, essa representação tende a se enfraquecer: você vai se lembrando de cada vez menos detalhes do gato, e o que era uma memória vívida se torna uma vaga lembrança.

O que essa histórica fictícia mostra é quase trivial: o que acontece conosco no dia a dia (nossa experiência) afeta as representações armazenadas na nossa memória (nosso conhecimento). Na história anterior, sua experiência foi a de passar muito tempo sem voltar à casa do seu amigo, e o resultado foi uma representação "desbotada" do gato. Se, em vez disso, você tivesse visitado seu amigo toda semana, essa representação provavelmente se tornaria mais vívida.

Para a GCBU, o mesmo acontece com estímulos linguísticos. Imagine que você se matriculou em um curso de graduação em Biologia e, em determinada disciplina, ouviu e leu com frequência a palavra "eucarionte". Nesse momento, em que a palavra está fortemente presente na sua experiência, lembrar-se dela vai ser muito fácil. Imagine, porém, que ao fim do semestre você decide trancar a faculdade de Biologia e começar o curso de Letras. A partir desse momento, sua experiência linguística será bastante diferente: em vez de "eucarionte", "homeostase" e "abiótico", você passa a ouvir, ler, falar e escrever com fre-quência palavras como "sintagma", "diacronia" e "declinação".

Agora, pense comigo: o que aconteceria se, ao final do curso de Letras, um conhecido, sabendo que você havia começado Biologia, lhe perguntasse quais são os dois tipos de célula que existem? Nesse momento, é possível que você tenha dificuldade em se lembrar da palavra "eucarionte" – que, alguns anos antes, estava na ponta da língua.

O que isso mostra é que, assim como a memória não linguística (por exemplo, sua representação mental do gato do seu amigo), a memória linguística é afetada pela experiência. No período em que você estava cursando Biologia, sua experiência linguística reforçava constantemente a palavra "eucarionte" – e, com isso sua representação mental dessa palavra se fortaleceu. Depois de alguns anos de curso de Letras, porém, a falta de contato com ela causou o efeito inverso, e sua representação se tornou mais fraca. Essa diferença pode ser representada assim:

Figura 67 – representação da palavra "eucarionte" em dois momentos distintos

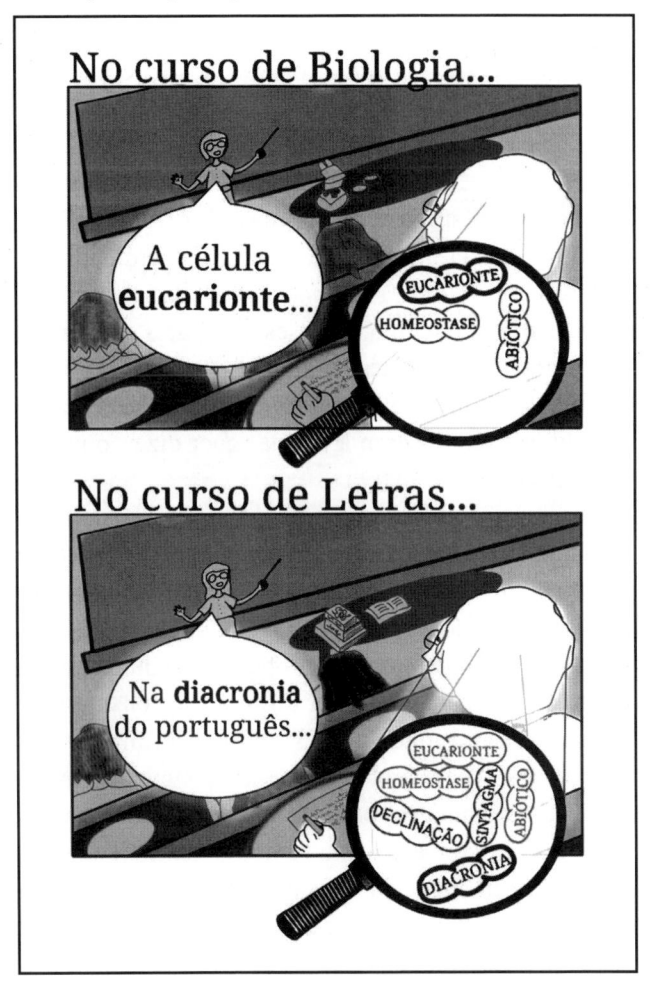

Ilustração: Sara Martins Adelino

Na Figura 67, você vê duas cenas. Na primeira, um estudante de Biologia ouve (e provavelmente também fala, lê e escreve) com frequência a palavra "eucarionte". Como resultado, a representação dessa palavra na sua memória é robusta – o que é indicado, na imagem, pelas linhas espessas que delimitam a construção. Na segunda, por outro lado, a mesma pessoa está cursando Letras – e já se afastou há tempos do universo da Biologia. Essa mudança de vida reduz sua exposição à palavra "eucarionte", enfraquecendo sua representação na memória – o que é indicado, na imagem, pelas linhas finas que delimitam a construção (e pelo tom cinza claro das letras).

A esta altura, você talvez esteja pensando: isso parece ser tão trivial que é até difícil entender por que seria importante. Afinal, quem iria negar que, quanto mais eu sou exposto a determinado estímulo (seja ele um gato, seja uma palavra), mais a sua representação se fortalece na minha memória? A objeção não deixa de fazer sentido. Por isso, se quisermos apreciar plenamente a relevância do Princípio 2 da GCBU, precisamos nos voltar para a história da Linguística.

Neste momento, você deve se lembrar de duas dicotomias que têm um papel fundamental nessa história: a dicotomia *língua* ("langue") × *fala* ("parole"), associada à tradição da Linguística Estrutural de Ferdinand de Saussure, e a dicotomia *competência versus desempenho*, associada à tradição da Linguística Gerativa. Embora não sejam idênticos, esses dois pares conceituais dizem respeito, no fim das contas, a uma mesma oposição – qual seja, a oposição entre aquilo que o falante *sabe* sobre a língua (quer dizer, o sistema linguístico em si mesmo) e aquilo que ele *faz* com a língua (quer dizer, o uso desse sistema em situações particulares).

Interessantemente, tanto na Linguística Estrutural quanto na Linguística Gerativa, essa distinção serve ao mesmo propósito: delimitar o conhecimento (isto é, a língua ou competência), e não o uso (isto é, a fala ou desempenho), como seu objeto legítimo de investigação. Em outras palavras, nas tradições estruturalista e gerativa, o que realmente importa é o conhecimento – de modo que fatos relativos ao uso não devem ser levados em consideração.

A GCBU se alinha à Linguística Estrutural e à Linguística Gerativa em dois pontos importantes: (i) ela também assume a distinção entre conhecimento e uso (que parece, de resto, inquestionável); e (ii) ela também toma como objeto último de investigação o conhecimento (e não o uso). No entanto, diferentemente daquelas duas tradições, ela considera que *o estudo do conhecimento linguístico requer que se atente para o uso linguístico*. Logo, diferentemente da prática consagrada nas tradições estruturalista e gerativa, fatos relativos ao uso não são excluídos do seu raio de observação.

Mas, afinal, se conhecimento e uso são coisas claramente distintas (e de fato são), por que estudar o segundo seria relevante para compreender o primeiro? A resposta, você já deve ter adivinhado, reside no nosso Princípio 2: se o conhecimento é moldado pela experiência linguística do falante, então não é possível compreendê-lo plenamente se não voltarmos o olhar para o uso concreto. Em termos bem simples: para sabermos se a representação mental da palavra "eucarionte", para um dado falante, é mais forte ou mais fraca (um dado referente ao plano do conhecimento), precisamos saber se ele estuda Biologia ou Letras – e, consequentemente, com que frequência é exposto a essa palavra (um dado referente ao plano do uso).

Neste capítulo, você só foi apresentado, brevemente, a um tipo de efeito do uso sobre o conhecimento linguístico: o reforço da representação mental de uma construção como resultado da exposição repetida a ela. No capítulo "Conhecimento linguístico e experiência linguística", você verá que existem outros tipos de efeito do uso sobre o conhecimento subjacente. Por ora, porém, o importante é apenas que você entenda o seguinte: para a GCBU, o conteúdo do *constructicon* de cada indivíduo é determinado, em larga medida, pela sua experiência concreta (isto é, pelo conjunto de dados que o indivíduo ouve/vê, fala/sinaliza, lê e escreve).

Em suma, o Princípio 2 da GCBU estabelece uma *relação causal* entre experiência linguística e conhecimento linguístico: a ideia aqui é a de que *aquilo que nós vivemos (em termos linguísticos) impacta e modifica o que nós armazenamos*.

PRINCÍPIO 3: AS PROPRIEDADES DO CONHECIMENTO LINGUÍSTICO SÃO DETERMINADAS PELOS PRINCÍPIOS DE FUNCIONAMENTO DA COGNIÇÃO NÃO LINGUÍSTICA

Imagine que você está viajando para a Austrália e encontra, pela primeira vez, um vombate, marsupial típico da região. Nesse momento, você registra, na sua memória, uma imagem que incluirá diversas propriedades do animal, como o fato de que ele (i) é um quadrúpede; (ii) tem cerca de um metro de comprimento; (iii) tem cerca de 70 centímetros de altura; (iv) tem nariz achatado; e (v) tem orelhas pequenas. Mais ou menos assim:

Figura 68 – primeiro vombate

Ilustração: Sara Martins Adelino

Agora, imagine que, algumas horas depois, você vê um segundo vombate. Sendo um animal da mesma espécie, ele tem, é claro, algumas características em comum com o primeiro – em particular, as características (i), (ii) e (iii). No entanto, ele tem (iv) nariz pronunciado; e (v) orelhas longas. Assim:

Figura 69 – segundo vombate

Ilustração: Sara Martins Adelino

Ora, depois de ver o primeiro vombate, você pode ter imaginado que todo vombate tem nariz achatado e orelha pequena. Mas, ao ver o segundo animal, você precisou atualizar sua representação. Em particular, precisou construir uma representação *mais abstrata*, que especifica algumas propriedades (número de patas, comprimento, altura), mas deixa outras em aberto, não especificadas (comprimento do nariz e tamanho da orelha).

Esse processo de *construção de representações abstratas* será aqui chamado de **esquematização** (mas podemos chamá-lo também de abstratização). Usando o exemplo dos vombates, ele pode ser representado da seguinte maneira:

Figura 70 – processo de esquematização a partir de duas representações de vombates

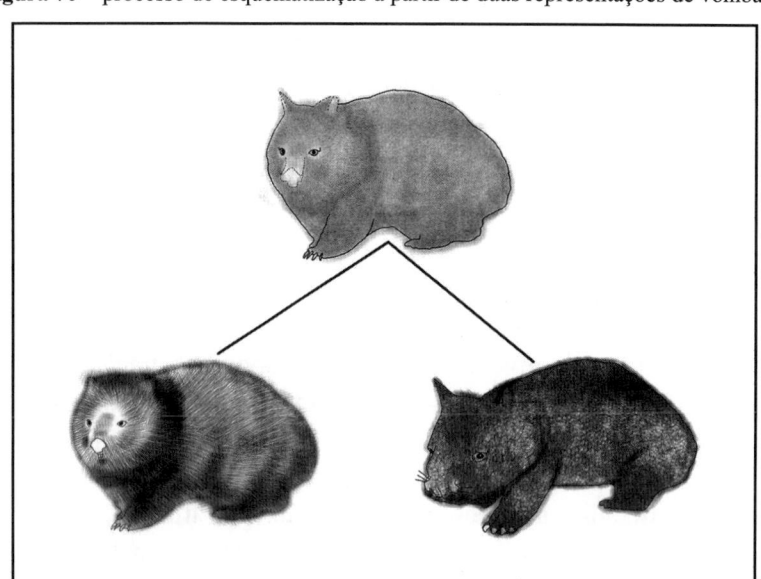

Ilustração: Sara Martins Adelino

Na Figura 70, vemos, no nível mais baixo, representações mentais dos dois vombates efetivamente experienciados. A partir delas, emerge uma representação mais abstrata, que é inespecífica para todas as propriedades que *diferenciam* as duas imagens mais concretas – neste caso, o tipo de nariz e o tamanho da orelha. Na imagem, as propriedades não especificadas estão indicadas pelas linhas pontilhadas.

Muito bem: a discussão feita até aqui mostra que o processo de esquematização não diz respeito, inerentemente, à linguagem – afinal, representações visuais de um vombate não são estruturas linguísticas. No entanto, como você já deve estar imaginando, a aposta da GCBU é a de que mecanismos cognitivos que estruturam a memória não linguística também vão estruturar o conhecimento linguístico. Assim, a ideia é a de que o mesmo processo mental de esquematização que forma representações abstratas de vombates (e de gatos, cadeiras, universidades...) também constrói representações abstratas de construções gramaticais.

Com efeito, ao olhar para a Figura 70, é provável que você tenha se lembrado das redes taxonômicas que temos visto ao longo desse livro. Compare-a, por exemplo, com a seguinte rede, que captura uma parte do conhecimento morfológico dos falantes do português:

Figura 71 – rede construcional de <Nome + ista>

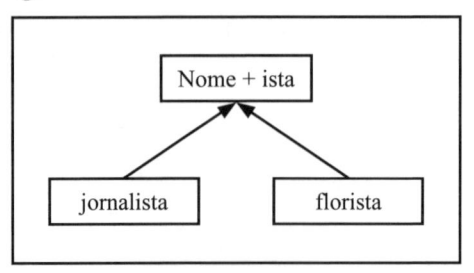

A semelhança entre as Figuras 70 e 71 é evidente: nos dois casos, o nível mais baixo representa elementos efetivamente encontrados (vombates concretos e palavras concretas) e o nível mais alto corresponde à abstração, que captura apenas o que os elementos mais concretos têm em comum. Assim, se no caso do vombate a representação abstrata descarta as informações sobre a orelha e o nariz e preserva as informações sobre o comprimento e a altura, no caso das palavras sufixadas, a representação abstrata descarta as especificidades fonológicas e semânticas da raiz e preserva as informações sobre o sufixo e a categoria morfossintática da raiz.

No fundo, portanto, o que os adeptos da GCBU defendem é o seguinte: é possível explicar a estrutura e o funcionamento do conhecimento linguístico recorrendo *apenas* aos processos mentais que sabemos operar na cognição não linguística (por exemplo, o processo de esquematização). Em outras palavras, a ideia por trás do nosso Princípio 3 é a de que o conhecimento linguístico não funciona de maneira fundamentalmente diferente do restante da nossa cognição.

O TRIÂNGULO DA GCBU

Neste capítulo, você foi apresentado à GCBU – a vertente de orientação funcionalista da Gramática de Construções. Como você viu, esse modelo pode ser caracterizado (assim como a GC "pura") a partir de três princípios fundamentais.

O Princípio 1 é, a rigor, uma combinação dos três princípios definidores da GC. Isso faz sentido; afinal, sendo um subtipo de GC, ela deve "importar" suas propriedades (assim como, digamos, um gato "importa" as propriedades da categoria dos felinos).

Sendo assim, as premissas que efetivamente a individualizam – em oposição à GCF – são os Princípios 2 e 3. Como você já aprendeu, o Princípio 2 diz respeito à relação entre conhecimento linguístico e experiência linguística, ao passo que o Princípio 3 diz respeito à relação entre conhecimento linguístico e cognição geral.

Isso significa, no fim das contas, que a GCBU se sustenta sobre uma tríade: *conhecimento, experiência* (ou *uso*) e *cognição*. E, se é assim, faz todo sentido representá-la (assim como fizemos com a GC "pura") em um triângulo. Observe:

Figura 72 – o triângulo da GCBU

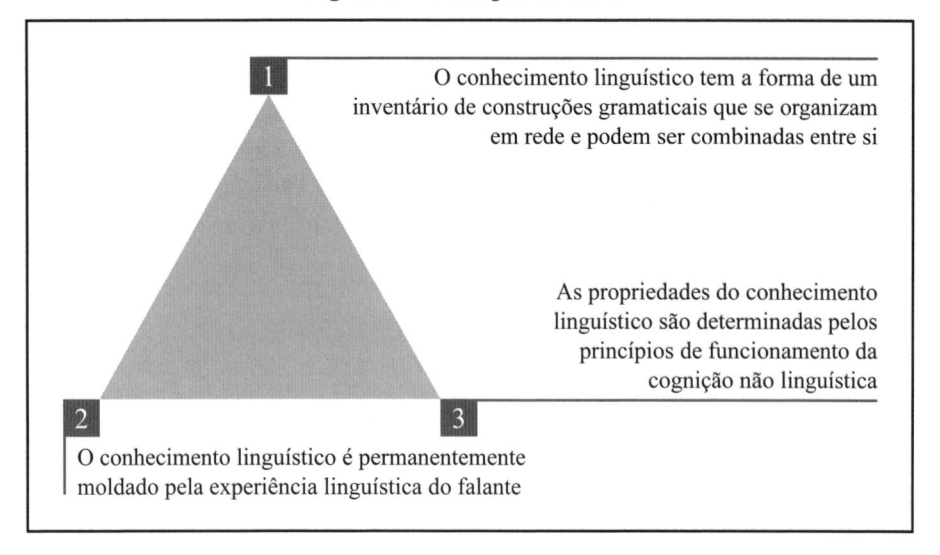

SÍNTESE DO CAPÍTULO

1. Assim como a GC "pura", também a GCBU – variante funcionalista da GC – pode ser caracterizada a partir de três princípios fundamentais.

2. Na condição de subtipo da GC, a GCBU deve importar todas as propriedades desse modelo. Por isso, assumimos que o Princípio 1 da GCBU é, simplesmente, a combinação dos três princípios fundamentais da GC. A saber: *o conhecimento linguístico do falante tem a forma de um inventário de construções interconectadas, que podem ser combinadas entre si.*

3.   Para além desse princípio, que a GCBU compartilha com a GCF, dois outros princípios a individualizam: um deles tem a ver com a relação entre conhecimento linguístico e experiência linguística (Princípio 2); o outro tem a ver com a relação entre conhecimento linguístico e cognição geral.

4.   Especificamente, o Princípio 2 estabelece que *o conhecimento linguístico é permanentemente moldado pela experiência linguística do falante.*

5.   Por seu turno, o Princípio 3 estabelece que *as propriedades do conhecimento linguístico são determinadas pelos princípios de funcionamento da cognição não linguística.*

6.   Em suma, portanto, a GCBU pode ser caracterizada como um modelo de representação do conhecimento linguístico em que *esse conhecimento tem a forma de um inventário de construções interconectadas, que podem ser combinadas entre si* (Princípio 1), *é permanentemente moldado pela experiência linguística do falante* (Princípio 2) e *tem suas propriedades determinadas pelos princípios de funcionamento da cognição não linguística* (Princípio 3).

Tipos de *links*
e a organização
do *constructicon*

No capítulo "Visão geral da Gramática de Construções", você aprendeu que o *constructicon* apresenta organização hierárquica – o que significa que a relação que se estabelece entre as construções tem natureza taxonômica. Para a GCBU, no entanto, esta não é toda a história: embora os praticantes dessa abordagem não neguem a existência de relações taxonômicas, eles defendem que *outros tipos de relação* também podem ser encontrados na rede construcional.

Para dar conta dessas relações, precisamos recorrer ao conceito de *link*. Em essência, *links* são objetos teóricos cuja função é conectar as diferentes partes de uma rede construcional. Neste capítulo, você vai aprender que os *links* presentes no nosso conhecimento linguístico se dividem em dois grandes grupos: de um lado, há os *links* intraconstrucionais (que ligam duas partes de uma mesma construção); de outro, há os *links* interconstrucionais (que conectam duas construções diferentes). No primeiro grupo, temos o **link** simbólico e o **link** sequencial; no segundo, temos o **link** vertical (ou taxonômico) e o **link** horizontal. Nas próximas páginas, estudaremos separadamente cada um deles.[14]

LINKS INTRACONSTRUCIONAIS

Como o nome indica, *links* intraconstrucionais são aqueles que existem *dentro* de uma determinada construção – e que, portanto, conectam seus componentes internos. Eles podem ser de dois tipos: *links* simbólicos e *links* sequenciais.

Links simbólicos

Como você já sabe, construções são pareamentos de forma e significado. Se é assim, conhecer determinada construção implica saber que uma forma específica está convencionalmente associada a um significado específico. Por exemplo, conhecer a construção <mar> implica saber que a forma /max/ está convencionalmente associada ao significado GRANDE MASSA E EXTENSÃO DE ÁGUA SALGADA. Para representar esse conhecimento, desenhamos uma seta dupla atravessando os dois polos da construção. Assim:

Figura 73 – construção <mar> com link simbólico

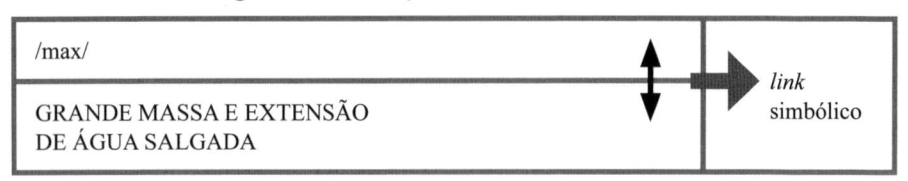

Esta é, naturalmente, uma representação simplificada da construção <mar>: afinal, não estamos representando aqui os diferentes níveis do polo da forma (fonologia e morfossintaxe) e do polo do significado (semântica e pragmática). Isso porque o objetivo aqui é, muito simplesmente, representar o *link* simbólico, que captura o fato de que forma e significado estão convencionalmente associados.

Links sequenciais

A construção <mar>, usada anteriormente para ilustrar o *link* simbólico, é monomorfêmica. Isso significa que ela não é formada por uma combinação de morfemas. No português, contudo, a maioria das palavras contém dois ou mais morfemas. Por exemplo, a palavra "infeliz" é formada por uma sequência de dois morfemas: o prefixo "in-" e o radical "feliz".

Se é assim, conhecer a construção <infeliz> implica saber que (i) ela é formada pela combinação de dois componentes internos; e (ii) esses dois componentes devem aparecer, necessariamente, nessa ordem (primeiro o prefixo, depois o radical). Como representamos esse saber? Uma possibilidade é desenhar links *sequenciais* entre os elementos componentes da construção. Assim:

Figura 74 – construção <infeliz> com *link* sequencial

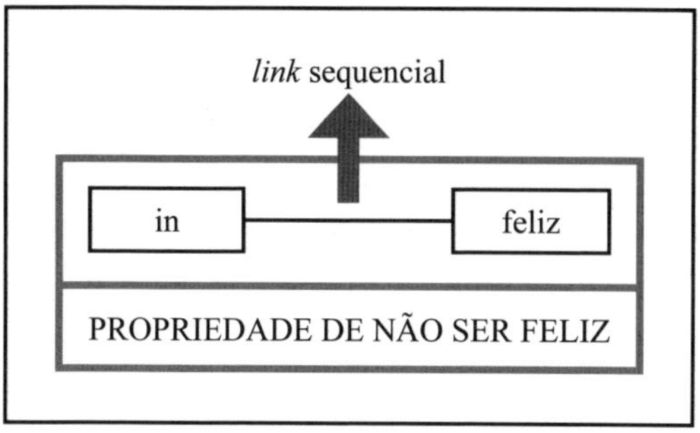

A linha entre os elementos "in" e "feliz" indica, simplesmente, que o falante tem conhecimento de que a construção <infeliz> não é um todo indivisível. Por um lado, ela é, evidentemente, uma única entidade; por outro, o falante sabe que essa entidade única é constituída por partes internas, que se combinam de uma maneira específica (diferentemente, por exemplo, de <mar>, que não resulta da combinação de mais de um morfema).

Essa ideia, é bom que se diga, não se aplica apenas a palavras. Construções de "nível sintático" também exibem *links* sequenciais entre seus componentes internos. Considere, por exemplo, a expressão fixa "Quem me dera!", uma fórmula convencional para expressar a ideia de que O FALANTE DESEJA QUE UMA SITUAÇÃO PRESSUPOSTA FOSSE VERDADEIRA. Por um lado, essa expressão funciona como um todo, como atesta a sua fixidez (não podemos dizer, com esse mesmo sentido, coisas como "Quem me tinha dado!", "Quem dera para mim!" etc.). Por outro, é muito provável que os falantes (ou pelo menos alguns deles) reconheçam que essa construção é formada por três elementos independentes, dispostos necessariamente na ordem linear Quem + me + dera. Esse saber pode ser representado assim:

Figura 75 – construção <Quem me dera> com *links* sequenciais

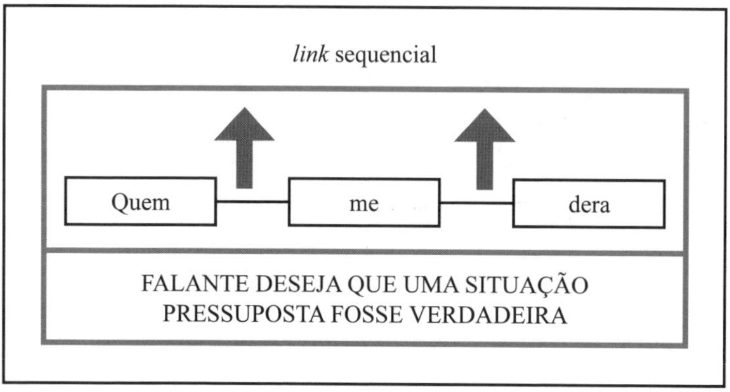

Naturalmente, a construção <infeliz> é formada por morfemas, ao passo que a construção <Quem me dera> é constituída por palavras. Do ponto de vista dos *links* sequenciais, contudo, não há nenhuma diferença essencial: nos dois casos, eles marcam o conhecimento do falante de que (i) a construção é formada por componentes menores; e (ii) esses componentes estão dispostos em uma ordem linear específica. Como nós veremos mais à frente, os *links* sequenciais são importantes para explicar certas mudanças que o *constructicon* sofre em função da experiência do falante.

LINKS INTERCONSTRUCIONAIS

Como o nome indica, *links* interconstrucionais são aquele que existem entre construções distintas (e não no interior de uma única construção). Eles podem ser divididos em dois tipos: *links* verticais (ou taxonômicos) e *links* horizontais.

Links verticais (ou taxonômicos)

No capítulo "Visão geral da Gramática de Construções", você aprendeu que as construções estabelecem entre si relações taxonômicas. Para representar essas relações em uma rede construcional, usamos os *links* verticais (também conhecidos como *links* taxonômicos). Esses *links*, portanto, marcam uma relação de inclusão categorial, na medida em que conectam construções mais abstratas / abertas (que funcionam como categorias) a construções mais concretas / fechadas (que funcionam como membros daquelas categorias). Esse tipo de relação pode ser visto na figura a seguir.

Figura 76 – rede de construções de "nível morfológico" com *links* verticais

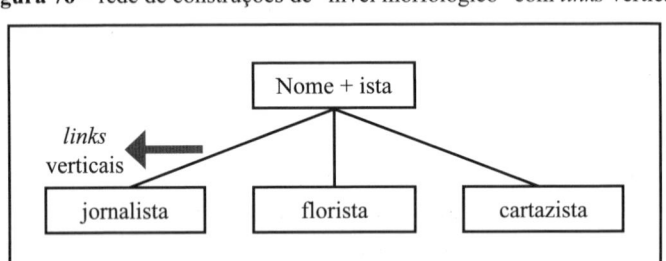

Como já aconteceu em outros pontos deste livro, estamos adotando aqui uma representação simplificada. Afinal, não estamos discriminando, no desenho, os polos da forma e do significado – em vez disso, representamos apenas a forma.

Lembre-se de que a GCBU admite representações redundantes – é por essa razão que palavras como "jornalista", "florista" e "cartazista" são efetivamente representadas no *constructicon* (em uma abordagem formalista, elas não seriam incluídas na rede, conforme discutido no capítulo "Formalismo e funcionalismo em Gramática de Construções"). Ao mesmo tempo, a existência dessas construções leva à emergência, por um processo de esquematização, da construção semipreenchida <Nome + ista>. Como resultado, temos uma relação hierárquica, em que a construção representada mais acima *abrange* as construções representadas na parte de baixo. Essa relação, como você já sabe, é representada visualmente por meio de linhas verticais.

Naturalmente, o mesmo tipo de relação pode se verificar no "nível sintático" (e mesmo, como veremos no último capítulo, entre os níveis fonético e fonológico). Observe:

Figura 77 – rede de construções de "nível sintático" com *links* verticais

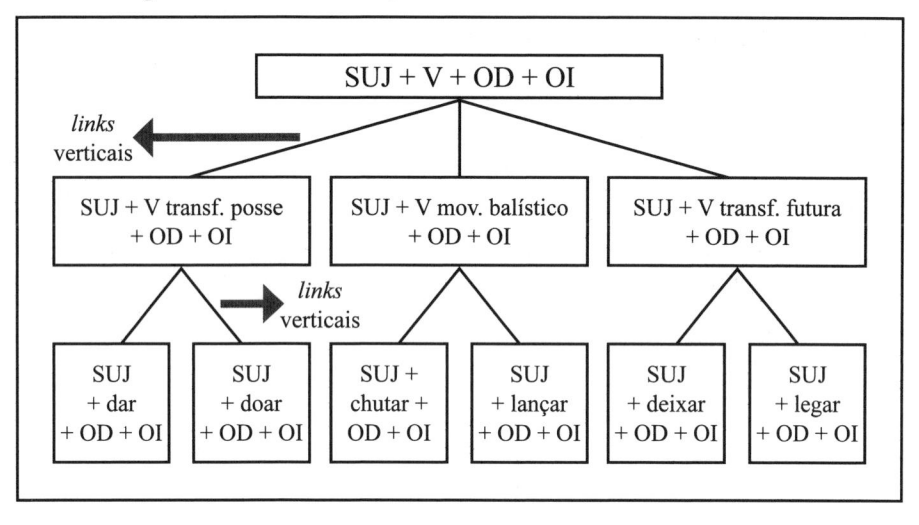

Aqui, temos uma rede construcional em três níveis. Note que quanto mais subimos na rede, mais as construções se tornam abstratas – no sentido de que elas vão perdendo informações. Assim, no nível mais baixo, as construções são especificadas para verbos particulares, como "dar", "doar" e "chutar" (embora não especifiquem o sujeito e os objetos). No nível intermediário, por sua vez, o *slot* do verbo é marcado quanto a classes semânticas: assim, temos uma construção que especifica a classe dos verbos de transferência de posse; uma que especifica a classe dos verbos de movimento balístico; e uma que especifica a classe dos verbos de transferência futura. Por fim, a construção mais alta é a mais geral de todas, na medida em que especifica, quanto ao verbo, apenas a categoria morfossintática.

Vamos observar com cuidado a perda progressiva de informações no *slot* verbal. No nível mais baixo, temos especificações de natureza morfossintática (por exemplo, sabemos que "dar" é um verbo), semântica (sabemos o significado de "dar") e fonológica (conhecemos os segmentos sonoros que compõem essa palavra). No nível intermediário, temos especificações de natureza morfossintática (o segundo *slot* segue sendo especificado para a categoria Verbo) e semântica (temos a informação de que o verbo expressa TRANSFERÊNCIA DE POSSE). Por fim, no nível mais alto, preserva-se apenas a informação morfossintática: sabemos que o segundo *slot* da construção corresponde a um Verbo, mas ele é inespecífico quanto ao valor semântico e à configuração fonológica.

Como você já sabe, a aposta da GCBU é a de que essa rede é construída graças ao processo cognitivo geral de esquematização. No momento em que as construções com verbos particulares já estão armazenadas, o falante identifica semelhanças entre elas e constrói, a partir daí, um padrão geral. Por exemplo, ele "olha" para as construções <SUJ deixar OD OI> e <SUJ legar OD OI> e constata que, em ambos os casos, a transferência em questão ocorre no futuro (quanto eu *deixo* um pacote para você buscar depois, ou quando eu *lego* uma casa aos meus filhos, inicio uma transferência que só vai se completar no futuro). Essa constatação permite a construção de um esquema que funciona como uma generalização sobre essas duas construções mais concretas, capturando a similaridade entre elas. Essa similaridade envolve, precisamente, a ideia de transferência futura.

Esse mesmo processo ocorre, é claro, com todas as demais construções do nível mais baixo, levando ao surgimento de outras construções no nível intermediário. E, por fim, ele se repete entre as construções de nível intermediário, levando à emergência construção altamente abstrata <SUJ V OD OI>.

Mas atenção: não estou dizendo que a construção <SUJ V OD OI> não tem significado (como você já sabe, a GCBU repudia a ideia de construções defectivas!). Como um todo, ela expressa a ideia de transferência de posse. O que eu estou dizendo é que seu *slot verbal* não é marcado para alguma classe semântica particular – o que significa que ele admite tanto verbos que inerentemente expressam transferência de posse (como "dar" e "doar") quanto verbos de movimento balístico (como "chutar" e "lançar") e verbos de transferência futura (como "deixar" e "legar").[15]

Em suma, as redes das Figuras 76 e 77 ilustram a organização taxonômica do conhecimento linguístico em dois "componentes" distintos: a morfologia e a sintaxe. Para representarmos a relação taxonômica entre construções mais gerais e mais específicas, nós usamos *links* taxonômicos, que são desenhados, muito simplesmente, como linhas verticais entre duas construções.

Links horizontais

Historicamente, a GC tem dado atenção quase exclusiva aos *links* verticais (ou taxonômicos) – isto é, sua ênfase recai na ideia de que o *constructicon* apresenta organização taxonômica. A GCBU, porém, tem cada vez mais voltado sua atenção para *links* horizontais, que não marcam relação de inclusão categorial.

Os *links* horizontais devem ser postulados em dois tipos de situação. O primeiro deles é a situação em que duas ou mais construções estão taxonomicamente associadas, juntas, a uma mesma construção mais abstrata (o que significa, dito de outro modo, que elas são membros de uma mesma categoria). Isso pode ser visto na seguinte reformulação da Figura 76:

Figura 78 – primeira rede de construções de "nível morfológico" com *links* verticais e horizontais

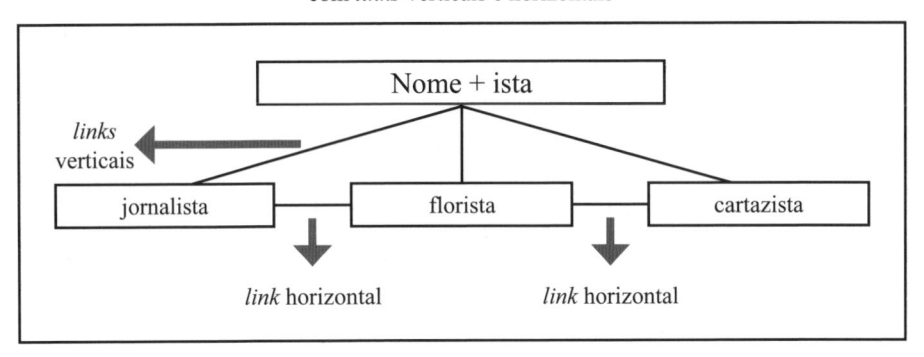

Esse *link* horizontal, como você pode notar, não é nada mais que uma representação visual de um conhecimento sobre o qual nós já falamos extensamente: o conhecimento de que duas construções guardam similaridades de forma e significado. Neste caso, ele marca o conhecimento de que todas as palavras que aparecem no nível mais baixo da rede (i) contêm a forma -ista; e (ii) designam um agente profissional.

Como você já sabe (e pode ver na imagem), as construções "jornalista", "florista" e "cartazista" estão subordinadas à mesma construção mais geral. Os *links* horizontais, contudo, também podem conectar construções que não se vinculam a um mesmo padrão abstrato. Para entender esse ponto, considere a rede abaixo.

Figura 79 – segunda rede de construções de "nível morfológico"
com *links* verticais e horizontais

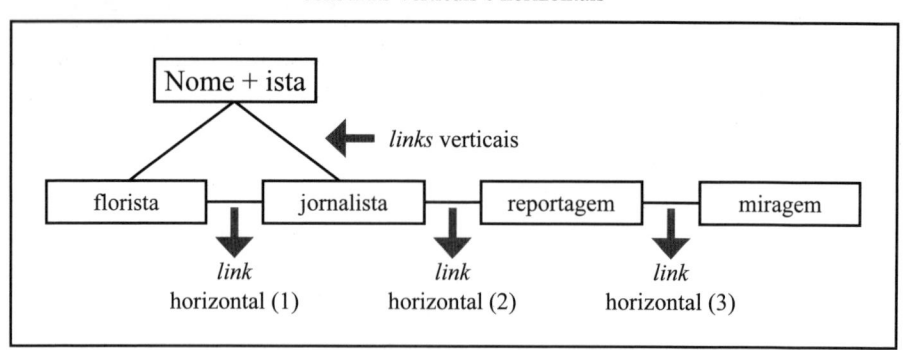

Como você pode ver, essa rede inclui três *links* horizontais, aqui numerados, para facilitar a referência, como (1), (2) e (3). O *link* horizontal (1) é o mesmo que já foi representado, na Figura 78, entre as construções <jornalista> e <florista>: ele marca o reconhecimento de que essas construções exibem similaridades tanto formais quanto semânticas.

No caso da relação entre <jornalista> e <reportagem>, por outro lado, não há afinidade de forma, mas apenas de significado: sabemos que essas palavras pertencem ao mesmo campo semântico, na medida em que reportagens são, tipicamente, um produto do trabalho de jornalistas. O *link* horizontal (2), portanto, captura uma similaridade meramente semântica.

No caso da relação entre <reportagem> e <miragem>, a situação é semelhante – com a diferença de que, agora, a similaridade entre as palavras diz respeito apenas à forma (elas não guardam semelhança de significado, mas compartilham todos os segmentos sonoros da vogal tônica em diante). Assim, se o *link* (2) marca o reconhecimento de uma similaridade puramente semântica, o *link* (3) captura uma similaridade meramente formal.

Em resumo, *links* horizontais podem indicar afinidades (i) na forma e no significado (caso do *link* 1); (ii) apenas no significado (caso do *link* 2); e (iii) apenas na forma (caso do *link* 3). Como você pode ver na imagem, essa diferença tem impacto sobre o restante da organização na rede. Afinal, o *link* horizontal só leva à emergência de uma construção mais abstrata quando ele captura a existência de afinidades tanto de forma quanto de significado. Assim, a afinidade capturada pelo *link* (1) leva à emergência da construção <Nome + ista>, mas as afinidades capturadas pelos demais *links* horizontais não produzem efeito análogo.

JUNTANDO TUDO: O *CONSTRUCTICON* NA GCBU

Em resumo, nós vimos que, para a GCBU, o *constructicon* contém quatro tipos de *link*: simbólicos, sequenciais, verticais (taxonômicos) e horizontais. Essa tipologia de *links* está sintetizada na figura a seguir:

Figura 80 – tipologia dos *links* presentes na rede construcional, segundo a GCBU

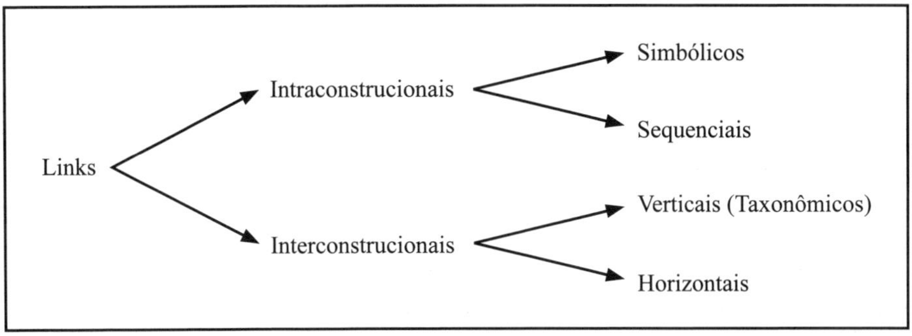

Links

Intraconstrucionais
- Simbólicos
- Sequenciais

Interconstrucionais
- Verticais (Taxonômicos)
- Horizontais

SÍNTESE DO CAPÍTULO

1. Na GCBU, é possível reconhecer dois grandes tipos de *link* na rede construcional: os *links* intraconstrucionais, que ligam partes de uma mesma construção, e os *links* interconstrucionais, que conectam construções distintas.

2. Os *links* intraconstrucionais podem ser de dois tipos: simbólicos (quando conectam o polo da forma ao polo do significado) e sequenciais (quando conectam diferentes componentes do polo da forma).

3. Os *links* interconstrucionais também podem ser de dois tipos: verticais/ taxonômicos (quando estabelecem uma relação taxonômica entre duas construções) e horizontais (quando não estabelecem esse tipo de relação).

4. Os *links* horizontais comparecem em dois tipos de situação: de um lado, há os que capturam similaridades de forma e significado entre as construções envolvidas (o que leva à emergência de uma construção superordenada); de outro, há os que capturam uma similaridade apenas de forma ou de significado (o que não leva à emergência de uma construção superordenada).

Conhecimento linguístico e experiência linguística

No capítulo "Visão geral da Gramática de Construções Baseada no Uso", você foi apresentado à GCBU, a encarnação funcionalista da Gramática de Construções. Naquele momento, você aprendeu que ela pode ser caracterizada a partir de três princípios fundamentais; a saber: (i) o conhecimento linguístico tem a forma de inventário de construções gramaticais que se organizam em rede e podem ser combinadas entre si; (ii) esse conhecimento é permanentemente moldado pela experiência linguística do falante; e (iii) as propriedades desse conhecimento são determinadas pelos princípios de funcionamento da cognição não linguística.

O Princípio 1, você já sabe, nada mais é do que uma combinação dos três princípios definidores da GC. Neste capítulo, então, nós exploraremos mais a fundo o Princípio 2, que diz respeito à relação entre conhecimento e experiência (ou uso). Ou seja, veremos aqui de que maneira a estrutura do *input* recebido pelo falante ajuda a moldar a sua rede construcional. Para isso, vamos focalizar, especificamente, dois fatores ligados à experiência do falante: a *frequência* e a ***variabilidade semântica***.

O PAPEL DA FREQUÊNCIA

Antes de começarmos a discutir o impacto da frequência sobre o conhecimento linguístico, precisamos diferenciar três tipos de frequência: a **frequência de ocorrência** (ou "frequência *token*"), a **frequência de coocorrência** e a **frequência de tipo** (ou "frequência *type*"). Para isso, considere o diálogo a seguir.

(1)   Paulo: Bom dia, Carlos!
       Carlos: Bom dia, Paulo. Como vai?
       Paulo: Tudo ótimo. Bom trabalho! E que você tenha um dia produtivo!
       Carlos: Obrigado. Bom início de semestre!

A frequência de ocorrência diz respeito à quantidade de vezes que um elemento aparece em determinada amostra. Em (1), por exemplo, a frequência de ocorrência da construção <Bom> é de 4 (o que significa, muito simplesmente, que ela aparece quatro vezes ao longo do diálogo).

Observe que também podemos avaliar a frequência de ocorrência de construções não preenchidas ou semipreenchidas. Por exemplo, as sequências "Bom dia", "Bom trabalho" e "Bom início de semestre" nos permitem supor a existência de uma construção semipreenchida <Bom + X> (em que X é uma sequência nominal), que funciona como uma espécie de saudação ou despedida protocolar. Essa construção aparece quatro vezes ao longo do diálogo (duas vezes com "dia" na posição do *slot* X, uma vez com "trabalho" e uma vez com "início de semestre"). Logo, em (1), a frequência de ocorrência da construção <Bom + X> é de 4.

A frequência de coocorrência é uma medida de quantas vezes determinado elemento ocorre juntamente com outro (novamente, em determinado conjunto de textos, orais ou escritos). Por exemplo, em (1), as palavras "Bom" e "dia" ocorrem conjuntamente em duas oportunidades. Logo, a frequência de coocorrência de "Bom" e "dia", aqui, é igual a 2.

Note que, na definição de "frequência de coocorrência", eu usei o termo altamente genérico "elemento". Fiz isso porque a frequência de coocorrência não se refere só a palavras: nós podemos calcular esse tipo de frequência em relação a morfemas ou mesmo a categorias sintáticas. Por exemplo, podemos observar, em determinado texto (ou conjunto de textos), quantas vezes o prefixo re- coocorre com "ler", em oposição a quantas vezes esse mesmo prefixo coocorre com "escrever". Ou então podemos verificar quantas vezes a palavra "muito" coocorre com um adjetivo (como em "muito rápido"), em oposição a quantas vezes ela coocorre com um advérbio (como em "muito rapidamente"). Nesses dois casos, não estamos lidando com a frequência de coocorrência entre duas palavras – e sim entre um morfema e uma palavra (no primeiro caso) e uma palavra e uma categoria sintática (no segundo). A lógica, no entanto, é exatamente a mesma.

Por fim, a frequência de tipo diz respeito a quantos elementos aparecem em determinado *slot* de uma construção. Considere a construção <Bom + X>, que vimos há pouco. Em (1), vemos três elementos instanciando esse *slot* X:

"dia", "trabalho" e "início de semestre". Logo, neste caso, a frequência de tipo de *slot* X é igual a 3.

Nesta seção, vamos estudar de que maneira as frequências de ocorrência e de coocorrência afetam o conhecimento linguístico – e, ao final, falaremos brevemente sobre a frequência de tipo.

Frequência de ocorrência

Nesta seção, nosso objetivo é responder à seguinte pergunta: de que maneira a frequência de ocorrência afeta o nosso *constructicon*? Em poucas palavras, a resposta é a seguinte: a cada vez que nós nos deparamos com uma construção, ela é reforçada na nossa memória – e, com isso, sua representação se torna mais forte. Para dar conta desse fenômeno, a GCBU recorre ao conceito de **enraizamento** (ou *entricheiramento*),[16] que diz respeito ao *grau de fixação de uma construção na mente do falante*. Assim, quanto maior a frequência de determinada construção (na experiência de determinado sujeito), maior o seu grau de enraizamento.

A lógica aqui é bastante direta: nosso *constructicon* guarda as representações de todas as construções que nós conhecemos, e o nível de enraizamento dessas representações aumenta conforme vamos sendo expostos a ela. Considere, por exemplo, que, antes do diálogo em (1), o grau de enraizamento da construção "Bom" na mente de Carlos era X (X aqui é uma variável que indica um grau de enraizamento qualquer). No decorrer do diálogo, essa palavra vai aparecendo repetidamente – e cada nova ocorrência aumenta o grau de enraizamento da sua representação na mente de Carlos. Essa situação pode ser parcialmente representada assim:

Figura 81 – aumento progressivo do grau de enraizamento de "Bom" e "dia" no diálogo em (1)

Ilustração: Sara Martins Adelino

Na Figura 81, acompanhamos, em tempo real, a transformação das representações mentais de Carlos durante o diálogo com Paulo, apresentado em (1). Antes de a conversa começar, o adjetivo "bom" e o substantivo "dia" têm determinado grau de enraizamento no *constructicon* do personagem (determinado, em parte, pela quantidade de vezes em que ele encontrou essas palavras ao longo de sua vida). No entanto, quando Paulo aparece na porta de Carlos e lhe deseja "bom dia", essa representação se reforça – logo, o que nós vemos no Momento 1 já são essas duas palavras com grau de enraiza-mento reforçado pela saudação da Paulo. Mas a coisa não para aí. Carlos, que é educado, devolve o cumprimento, como você vê no Momento 2 – o que reforça ainda mais, no seu *constructicon*, a representação de "bom" e "dia". Por isso, no Momento 2, essas palavras aparecem representadas com um tom mais escuro do que no Momento 1.

Mas, afinal, existem evidências linguísticas de que as coisas de fato funcionam assim? Certamente. Um tipo de evidência vem das regularizações morfológicas – casos em que uma forma morfológica irregular é substituída por uma forma regular.

Considere, por exemplo, o caso do futuro do subjuntivo no português. Com verbos regulares, a 1ª pessoa do singular do futuro do subjuntivo é igual ao infinitivo: assim, dizemos "se eu cantar", "se eu amar", "se eu comer", e por aí vai. Com verbos irregulares, porém, ao menos na norma-padrão, as coisas não são assim: para o verbo "fazer", dizemos "se eu fizer"; para o verbo "ser", dizemos "se eu for" etc.

No entanto, é muito comum que o futuro do subjuntivo de verbos irre-gulares seja regularizado por analogia com o infinitivo. A lógica é a seguinte: se, para o verbo "cantar", eu digo "se eu cantar", então, para o verbo "fazer", devo dizer "se eu fazer". Essa regularização do futuro do subjuntivo por ana-logia é bastante comum: você já deve ter ouvido "se eu fazer", "se ele manter", "quando o sol se pôr", entre outras formas regularizadas.

Há evidências, porém, de que a regularização é afetada pelo grau de enraizamento da forma verbal. Para entender esse ponto, considere um rápido levantamento informal que eu fiz, enquanto escrevia este livro, na seção Web/ Dialects Corpus do Português – uma base de dados *on-line*, de 1,1 bilhão de palavras, formada por textos retirados da internet. Nessa pesquisa, eu fiz uma busca por usos no português brasileiro das seguintes sequências de palavras: "se eu fizer", "se eu for", "se eu fazer" e "se eu ser". Os resultados foram os seguintes:

Tabela 1 – frequência de ocorrência das formas irregulares e regularizadas de "fazer" e "ser" na 1ª pessoa do singular do futuro do subjuntivo

Sequência	Frequência de ocorrência
se eu fizer	753
se eu for	1.560
se eu fazer	49
se eu ser	0

Como você pode ver, em dois casos temos a forma padrão ("fizer", "for") e, nos outros dois, vemos a forma não padrão, regularizada ("fazer" e "ser"). As duas primeiras linhas mostram que a forma "for" é muito mais frequente que "fizer" (na estrutura em questão): 1.560 ocorrências contra 753, respectivamente. Por sua vez, as duas últimas linhas mostram que existem, no *corpus*, 49 ocorrências da forma regularizada "fazer" (no esquema iniciado por "se eu"), contra nenhuma de "ser".

Para entender esses resultados, lembre-se do seguinte: a cada vez que uma forma é experienciada, sua representação mental é reforçada (isto é, seu nível de enraizamento aumenta). Isso é importante pela seguinte razão: quanto mais enraizada uma forma, mais acessível – isto é, mais "pronta para ser recuperada" – ela está.

Ora, a forma "for" é aproximadamente duas vezes mais frequente que "fizer". Isso significa que, quando precisamos usar a 1ª pessoa do singular do futuro do subjuntivo do verbo "ser", conseguiremos acessar fácil e rapidamente a forma "for" (já que ela tem um alto grau de enraizamento). Por outro lado, se quisermos produzir a 1ª pessoa do singular do futuro do subjuntivo do verbo "fazer", não encontraremos a forma "fizer" tão facilmente (já que seu grau de enraizamento é sensivelmente menor).

Se isso for verdade, é de se esperar que os falantes busquem formas alternativas para o futuro do subjuntivo de "fazer" com muito mais frequência do que para o futuro do subjuntivo de "ser" – já que a forma padrão, irregular, está menos disponível no primeiro caso do que no segundo. E é exatamente isso que a Tabela 1 mostra: se é verdade que a forma alternativa regular aconteceu 49 vezes com o verbo "fazer", também é verdade, por outro lado, que ela não aconteceu nenhuma vez com o verbo "ser".

Segundo a linguista norte-americana Joan Bybee (2001, 2010), o que nós estamos testemunhando aqui é o seguinte fenômeno: a frequência de ocorrência *protege* as formas linguísticas da regularização por analogia. E o motivo é simples: como formas frequentes têm uma representação muito robusta, elas estão altamente acessíveis – e, na medida em que consegue recuperá-las facilmente na memória, o falante simplesmente não busca por formas alternativas.

Neste ponto, cabe fazer duas observações. A primeira: se é verdade que a exposição repetida aumenta o nível de enraizamento de uma construção, também é verdade que a falta de exposição reduz esse nível – podendo levar, em última instância, ao esquecimento. A segunda: é possível que a frequência não seja o único fator que interfere no nível de enraizamento. Em particular, é possível que a relevância do estímulo para o falante seja ainda mais importante. Isto é: se um falante encontra uma palavra nova que é particularmente relevante para os seus propósitos naquele momento, ou que está associada a um forte componente emocional, é possível que ela seja imediatamente armazenada com alto grau de enraizamento – muito embora sua frequência de ocorrência, na experiência desse falante, seja igual a 1 (Divjak; Caldwell--Harris, 2019).

Nesse sentido, você deve ter em mente que *frequência de ocorrência não é sinônimo de enraizamento*. Para começo de conversa, a frequência de ocorrência diz respeito à *experiência linguística* (é uma medida de quantas vezes determinado falante encontrou determinada construção), ao passo que o enraizamento diz respeito ao *conhecimento* subjacente (é uma medida de quão robusta e acessível é a representação de uma construção na memória). Além disso, a frequência não é o único determinante do enraizamento: a relevância da construção para o falante (no momento em que ele a experiencia) e a carga emocional associada podem produzir representações mentais fortes mesmo na ausência de alta frequência de ocorrência.

Seja como for, a relação entre frequência de ocorrência e representação mental do conhecimento linguístico está hoje muito bem documentada. Trocando em miúdos, essa relação se dá da seguinte maneira: quanto mais uma construção é ouvida/lida/falada/escrita (ou vista/sinalizada, no caso das línguas de sinais), mais ela se torna enraizada (*"entrenched"*) no nosso *constructicon* – o que, por sua vez, aumenta também seu grau de acessibilidade cognitiva.

Frequência de coocorrência

No capítulo anterior, você aprendeu que a conexão entre dois componentes formais de uma construção costuma ser indicada por *links* sequenciais. Agora, vamos ver que a frequência de coocorrência – isto é, a quantidade de vezes em que dois elementos ocorrem juntos, de forma contígua – impacta a representação desses *links*. Especificamente, veremos que a frequência de coocorrência pode produzir três efeitos: (i) criar *links* sequenciais; (ii) reforçar a representação dos *links* sequenciais; e (ii) eliminar os *links* sequenciais.

Para entendermos esse ponto, vamos fazer uma brincadeira. Sua tarefa é completar as lacunas a seguir com a primeira palavra que lhe vem à mente.

(2)   Ele está redondamente _____.
(3)   Isso é um _____ detalhe.
(4)   Você achou que ia dar certo? _____ engano.
(5)   O assassino era frio e _____.
(6)   Se você fizer isso por mim, eu vou ser eternamente _____.
(7)   Essa atividade não é apropriada para a sua faixa _____.
(8)   Está tendo promoção de chã, patinho e _____.

As respostas não serão idênticas para todos os leitores deste livro – mas minha aposta é que as escolhas mais frequentes serão, respectivamente, *enganado, mero, ledo, calculista, grato, etária* e *lagarto*. Se você quiser, faça o teste: peça para alguns conhecidos preencherem as lacunas, e você provavelmente vai constatar um alto grau de convergência entre as respostas.

Mas por que isso acontece? Por exemplo: por que quase todo mundo completa a primeira lacuna com "enganado", em vez de "equivocado" ou "errado"? Ou então: por que em (3) a resposta mais comum é "mero", e não "simples" ou "irrelevante"? E, em (4), por que algumas pessoas optam por "ledo"? Originalmente, essa palavra significa algo como "contente" ou "feliz", mas a maioria dos falantes do PB hoje não sabe disso – e talvez a interprete como "completo". Seja como for, por que não um desses adjetivos?

Vamos analisar este último caso. No *Corpus* do Português (seção Web/Dialects), a palavra "ledo" ocorre apenas 1.276 vezes entre os dados do PB (e isso sem descartar os casos em que ela é usada como nome próprio!). "Feliz" e "completo", por outro lado, têm frequência de ocorrência de 132.163 e 40.464, respectivamente. Então, se nós escolhêssemos simplesmente o termo mais comum para preencher a lacuna, definitivamente não optaríamos "ledo".

Algo semelhante acontece em (2) e em (3). Observe: a frequência de ocorrência de "enganado" (sempre no *Corpus* do Português, seção Web/Dialects, entre os dados do PB) é de 7.060, ao passo que a de "errado" é 68.991. De forma semelhante, a frequência de ocorrência da palavra "mero" é de 8.674, enquanto a de "simples" é de 167.303. Também nesses casos, portanto, o falante não parece estar simplesmente escolhendo o termo mais comum.

O que, então, está guiando as nossas escolhas? A resposta é a frequência de coocorrência. Nós vimos que a palavra "errado" é muito mais frequente, no geral, que "enganado". No entanto, se observarmos quantas vezes cada uma dessas palavras coocorre com o advérbio "redondamente", constataremos a situação inversa. Observe: a expressão "redondamente enganado" aparece 342 vezes, enquanto "redondamente errado" aparece apenas 12. Dito de outra maneira, a palavra "redondamente" coocorre com "enganado" 342 vezes e com "errado", apenas 12.

A brincadeira fica ainda mais interessante se olharmos quantas vezes "enganado" coocorre com "redondamente" e com algum sinônimo (digamos, "completamente"). A frequência de coocorrência entre "enganado" e "redondamente", você já sabe: é de 342. Já a frequência de coocorrência entre "enganado" e "completamente" é de 194. E isso apesar de "completamente" ser uma palavra muito mais frequente: sua frequência de ocorrência global é de 103.085.

Com outros exemplos, a situação é semelhante. "mero" coocorre com "detalhe" mais frequentemente que "simples" (261 vezes *versus* 87 vezes), muito embora, no geral, "simples" seja uma palavra mais frequente. Da mesma maneira, "engano" coocorre com "ledo" 990 vezes, e com "completo" apenas 4 vezes – muito embora este último adjetivo seja muito mais frequente, no *corpus* como um todo, do que "ledo".

Essas frequências de coocorrência produzem um fenômeno curioso: a previsibilidade. Como "redondamente" é particularmente frequente com "enganado" (e não com "errado"), quando nós nos deparamos com esse advérbio, pensamos imediatamente na palavra "enganado". Isto é: o termo que nos vem à mente é aquele que tipicamente coocorre com a palavra recém-mencionada (e não o que tem maior frequência de ocorrência global).

Para explicarmos esse fenômeno, precisamos nos lembrar dos links sequenciais, que você estudou no capítulo anterior. Caso você não esteja lembrado: links sequenciais são links intraconstrucionais que conectam as partes componentes de construções estruturalmente complexas, como os morfemas "flor" e "-ista" da construção <florista>.

Muito bem: imagine agora que você acaba de ouvir, pela primeira vez, a expressão "redondamente enganado". Nesse momento, você registrará essa sequência na memória, de modo que ela se tornará, de imediato, uma nova unidade na sua rede construcional. Assim:

Figura 82 – representação da construção <redondamente enganado> após uma exposição

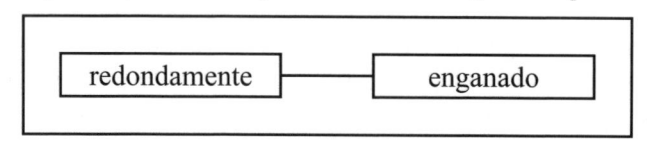

Observe: bastou que você encontrasse o construto "redondamente enganado" uma única vez para que ele fosse armazenado na sua memória sob a forma de uma nova construção.[17] Ademais, como se trata de uma construção estruturalmente complexa (porque constituída por partes internas), seus componentes estarão conectados por um *link* sequencial (representado por uma linha vertical).

Agora, o que acontecerá se você seguir se deparando com essa construção (ou utilizando-a) repetidamente? Parte da resposta, você já sabe: a representação da construção vai se fortalecer progressivamente, o que aumentará seu grau de enraizamento. Mas, para além disso, o próprio *link* sequencial (que liga "redondamente" a "enganado") também será reforçado. Em termos práticos, portanto, a ideia é que a cada vez que nós nos deparamos com dois elementos ocorrendo de forma contíguas, a relação sequencial entre eles se fortalece.

A título de ilustração, pensemos nas frequências de cooccorrência de "redondamente enganado" e "redondamente errado". Como nós vimos, a primeira sequência ocorre 342 vezes no *corpus* pesquisado, ao passo que a segunda aparece apenas 12 vezes. Caso essa discrepância se reflita na experiência de um falante particular, isso significa que, em um dado momento da sua vida, esse indivíduo terá experienciado a primeira sequência cerca de 26 vezes mais vezes do que a segunda. Nesse momento, podemos esperar que suas representações mentais sejam mais ou menos assim:[18]

Figura 83 – representação de "redondamente enganado" e "redondamente errado"

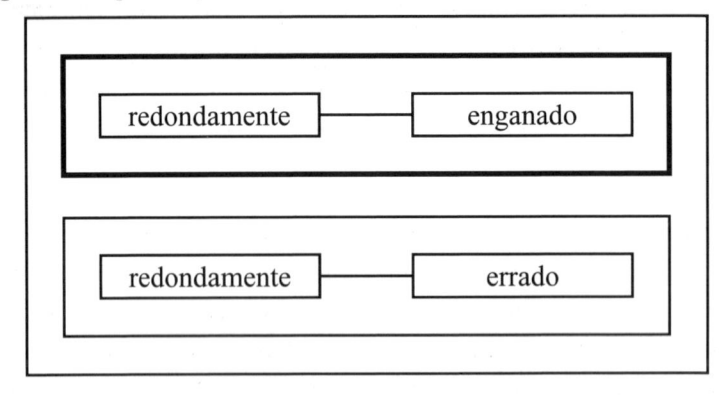

Na Figura 83, a linha horizontal mais espessa na imagem de cima, em comparação com a de baixo, representa o fato de que o *link* sequencial entre "redondamente" e "enganado" tem uma representação mental muito mais robusta do que o *link* sequencial que conecta "redondamente" a "errado" (o que decorre da discrepância entre as frequências de cooccorrência nesses dois casos).

Ora, se os *links* sequenciais indicam a conexão entre dois componentes de uma construção, então a força da sua representação indica *o quão fortemente conectados* esses componentes estão. Se é assim, a representação da Figura 83 sugere que nós sentimos a expressão "redondamente enganado" como um todo muito mais coeso (isto é, muito mais fortemente integrado) do que "redonda-mente errado".

Mas observe: não estamos dizendo que o falante é incapaz de reconhecer a estrutura interna de "redondamente enganado". Certamente, nós somos capazes de perceber que essa expressão é formada por duas palavras independentes. Assim, o que o *link* sequencial robusto da Figura 83 indica é, muito simples-mente, a percepção de um forte grau de integração entre dois elementos (e não o desaparecimento da fronteira entre eles).

Isso não significa que, em alguns casos, a estrutura interna não possa se perder. Na verdade, essa é a consequência natural (ainda que não obrigatória) do fortalecimento progressivo do *link* sequencial: em tese, se dois elementos coocorrem com uma frequência altíssima na experiência do falante, eles podem, em algum momento, deixar de ser reconhecidos como unidades independentes. A figura a seguir representa esquematicamente esse processo:

Figura 84: passagem de estruturas complexas para uma estrutura simples em função do reforço progressivo dos *links* sequenciais

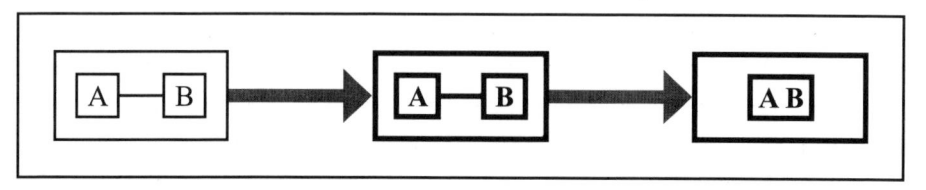

A título de ilustração, pense na expressão "faixa etária", que aparece no nosso exemplo (7). Nas primeiras vezes em que você a encontrou, o *link* sequencial entre seus elementos era, na sua mente, bastante fraco, como vemos na primeira imagem da Figura 84 (afinal, a força desse *link* depende da frequência de coo-corrência das palavras que ele conecta). Com o tempo, você vai encontrando essa expressão repetidamente, o que reforça cada vez mais o *link* sequencial – até o momento em que sua representação já se tornou bastante forte, como vemos na segunda imagem. Esse nível de integração entre os dois elementos, como você já sabe, é o que permite um alto grau de previsibilidade – ou seja, permite que, ao ler a palavra "faixa", a gente imediatamente pense em "etária".

É possível, inclusive, que, para algumas pessoas, a sequência "faixa etária" já seja percebida como "uma coisa só", e não mais como uma estrutura internamente complexa formada pela combinação de um nome ("faixa") com um adjetivo ("etária") Uma evidência disso são usos como os seguintes, reti-rados da rede social X (antigo Twitter):

(9)

> eu acho é pouco, espero que cresça cada vez mais o número de pessoas nessa faixa etária de idade que buscam realizar sonhos que na juventude muitos não conseguiram.

(10)

> @mapandrade @americanascom Eu tenho,porém não recomendo.Aconselho comprar o Samsung Galaxy Pocket,ele está na mesma faixetaria de preço.

Em (9), como você pode ver, o usuário do X usa a forma "faixa etária de idade". Agora, pense comigo: se uma pessoa entende que "faixa etária" significada "faixa de idade", porque se trata de uma expressão sintaticamente complexa em que "etária" é um adjetivo que modifica "faixa", ela nunca vai dizer "faixa etária de idade" – uma vez que essa expressão seria estranhamente redundante. Diante de um uso como o de (9), portanto, só nos resta considerar que, para o falante em questão, "faixa etária" deixou de ser uma expressão nominal complexa ("faixa" + "etária"), e passou a ser um elemento único, com o significado, talvez, de INTERVALO ENTRE DOIS PONTOS.

O caso de (10) é bastante semelhante: se um falante escreve "faixetaria de preço", ele deve estar tomando "faixetaria" como um todo unificado. Aqui, porém, isso fica ainda mais evidente pela ausência do espaço em branco entre as palavras e pela omissão da letra "a". Assim, fica bem caracterizado que, para esse falante, a sequência "faixa etária" – aqui grafada como "faixetaria" – é "uma coisa só".

O que os exemplos (9) e (10) mostram é que, muito provavelmente, para alguns falantes, "faixa etária" não é mais uma expressão sintaticamente complexa – isto é, já passou do estágio 2 para o estágio 3 da Figura 84. Segundo a GCBU, isso é um efeito da frequência de coocorrência, que tem poder tanto de fortalecer os *links* sequenciais (segunda imagem da Figura 84) quanto, no limite, de eliminá-los (terceira imagem da Figura 84). A eliminação dos *links* sequenciais captura a ideia de que dois elementos se tornaram tão integrados que passaram a ser sentidos como um bloco único.

Em suma, nesta seção você aprendeu que a frequência de coocorrência pode ter dois efeitos distintos sobre os *links* sequenciais, na medida em que pode tanto reforçá-los quanto eliminá-los. Esses efeitos podem parecer contraditórios, mas não são: na verdade, eles são faces da mesma moeda. O que ocorre é que o reforço dos *links* sequenciais produz a sensação de que dois elementos estão muito intimamente conectados, de maneira que o todo é sentido como uma unidade altamente coesa. Caso esse reforço se acentue, as partes que estavam antes "intimamente conectadas" podem passar a ser sentidas como "uma coisa só" – e, nesse caso, o *link* sequencial desaparece, porque não há mais componentes internos para serem ligados.

A frequência de tipo

Na literatura em GCBU, você vai se deparar repetidamente com a noção de *frequência de tipo*. Como você já sabe, a frequência de tipo diz respeito à quantidade de itens que podem ocupar determinado *slot* em uma construção. Pense, por exemplo, na construção de pretérito mais-que-perfeito composto, que tem a forma <Verbo Pret. Imperfeito + Particípio> (por exemplo, "tinha dado", "havia feito"). No primeiro *slot* dessa construção, só podem entrar dois verbos – "ter" e "haver" –, e nada mais. Logo, a frequência de tipo desse *slot* é igual a dois.

E por que esse conceito é relevante? Porque existe uma relação entre *frequência de tipo* e *produtividade* (no sentido de possibilidade de estender uma construção para novos itens). Pense, por exemplo, na construção morfológica <X + -ei>, que expressa 1ª PESSOA DO SINGULAR NO PRETÉRITO PERFEITO. Essa construção abrange a maioria das formas verbais de 1ª pessoa no pretérito perfeito (pense em "amei", "adorei", "caminhei", "olhei"), ainda que não todas (pense em "comi", "vendi", "parti"). Agora, pense o seguinte: é comum que crianças que nunca tenham ouvido a forma "comei" a utilizem para expressar 1ª PESSOA DO SINGULAR NO PRETÉRITO PERFEITO, mas não é comum, inversamente, que elas falem algo como "ami" em vez de "amei". Tecnicamente, o que está acontecendo é o seguinte: é mais provável que a construção <X + -ei> seja estendida para novos verbos (como "comer", na fala infantil) do que que o mesmo aconteça com a construção <X + -i>. E por que isso? Porque <X + -ei> tem frequência de tipo maior que <X + -i> (isso acontece porque <X + -ei> é específica para verbos de 1ª conjugação, e a maioria dos verbos é de 1ª conjugação). E a lógica aqui é simples: se nós vemos muitos itens associados a uma construção, presumimos que outros itens (que não experienciamos nela) também podem ocupar um de seus *slots*. Em termos simples, isso significa que a frequência de tipo está associada à produtividade de uma construção gramatical: *quanto maior a frequência de tipo de uma construção, maior a sua produtividade* (isto é, sua propensão a ser estendida para novos itens) (Goldberg, 2019; Suttle, Goldberg, 2011; Bybee, 2010; Barðdal, 2008).

O PAPEL DA VARIABILIDADE SEMÂNTICA

A variabilidade semântica diz respeito ao grau de proximidade semântica entre os itens que podem se combinar com determinada construção. Assim, dizemos que uma construção tem alta variabilidade semântica quando os itens que podem ocupá-la são semanticamente distantes; e, inversamente, dizemos que ela tem alta coerência semântica quando os itens que podem ocupá-la são semanticamente próximos. A variabilidade semântica, note bem, é uma propriedade do *input* que o falante acessa: ela diz respeito ao fato de nós experienciarmos, para um dado *slot* construcional, um conjunto de itens mais ou menos heterogêneo semanticamente.

A título de exemplos, considere duas construções de intensificação: <redondamente + ADJETIVO> e <muito + ADJETIVO>. A fim de avaliarmos sua variabilidade semântica, o primeiro passo é identificar a lista de adjetivos que podem entrar em cada uma delas.

Para isso, recorri novamente ao *Corpus* do Português (Web/Dialects). Se você fizer isso, vai constatar que, nesse *corpus*, apenas 9 adjetivos ocorrem no padrão <redondamente + ADJETIVO>. Eis a lista completa, com a frequência de cada um na construção indicada entre parênteses: "enganado" (256), "equivocado" (9), "certo" (3), "improvável" (2), "enganoso" (1), "falso" (1), "fraco" (1), "falhado" (1) e "incorrecto" (1).[19] (Eu combinei em um único item flexões diferentes da mesma palavra, como "enganado" e "enganada".)

Como você pode ver, essa lista é formada por um conjunto severamente limitado de adjetivos semanticamente próximos. "Enganado", "equivocado", "improvável", "enganoso", "falso", "falhado" e "incorreto" parecem claramente associados à mesma noção geral de *erro*. No caso de "fraco", isso talvez seja menos claro; no entanto, se analisarmos o enunciado em que ele aparece, perceberemos de imediato a afinidade semântica:

(11)   Tanto foi coerente com o legislador que seria um argumento <u>redondamente fraco</u> e repleto de imperfeições o de que teria a Corte Maior atuado como legislador positivo.

Veja que, em (11), o adjetivo "fraco" funciona como sinônimo contextual de "errado", ou pelo menos de "impreciso": afinal, dizer que o argumento é fraco implica dizer que ele não se sustenta – e que, portanto, está incorreto.

Com isso, ao que tudo indica, o único adjetivo que parece fora do lugar é "certo", que, diferentemente de todo os demais, evoca a noção de acerto, e não a de erro. A disparidade, contudo, é ilusória. Afinal, palavras antônimas pertencem ao mesmo campo semântico: em pares como tenso/relaxado ou feliz/triste, por exemplo, os dois adjetivos antônimos são semanticamente próximos na medida em que denotam pontos distintos de uma mesma escala (respectivamente, uma escala de tensão e uma escala de alegria). Pela mesma lógica, o adjetivo "certo" é semanticamente próximo de "equivocado" e "enganado" (dentre outros) na medida em que todos eles denotam uma AVALIAÇÃO RELATIVA À CORREÇÃO/INCORREÇÃO DE UMA IDEIA.

A conclusão desse raciocínio é a seguinte: o conjunto de itens que entram no padrão com "redondamente" exibe um baixíssimo grau de variabilidade semântica (ou, inversamente, alto grau de coerência semântica), uma vez que todos eles dizem respeito à correção/incorreção de determinada ideia.

Passemos agora para os itens que entram na construção <muito + ADJETIVO>. Se, no caso da construção com "redondamente", nós tínhamos apenas 9 adjetivos, aqui o número total provavelmente passa de mil.[20] Alguns deles são os seguintes: "bom", "difícil", "feliz", "rápido", "claro", "caro", "baixo", "jovem", "frio", "curioso", "raro", "pessoal", "ansioso", "natural".

Olhando para essa lista, fica bem mais difícil flagrar algum tipo de coerência semântica entre os adjetivos. Afinal, o que "bom", "difícil", "feliz", "rápido", "claro", "caro", "baixo", "jovem", "frio", "curioso", "raro", "pessoal", "ansioso" e "natural" têm em comum? Se, no caso das construções com "redondamente", nós tínhamos um conjunto restrito de adjetivos girando em torno da noção de erro/acerto, aqui tudo indica que nós temos uma categoria difusa, cujos adjetivos estão apenas frouxamente relacionados. Podemos representar essas duas situações assim:

Figura: 85 – representação esquemática de uma categoria com alta variabilidade semântica e uma categoria com baixa variabilidade semântica

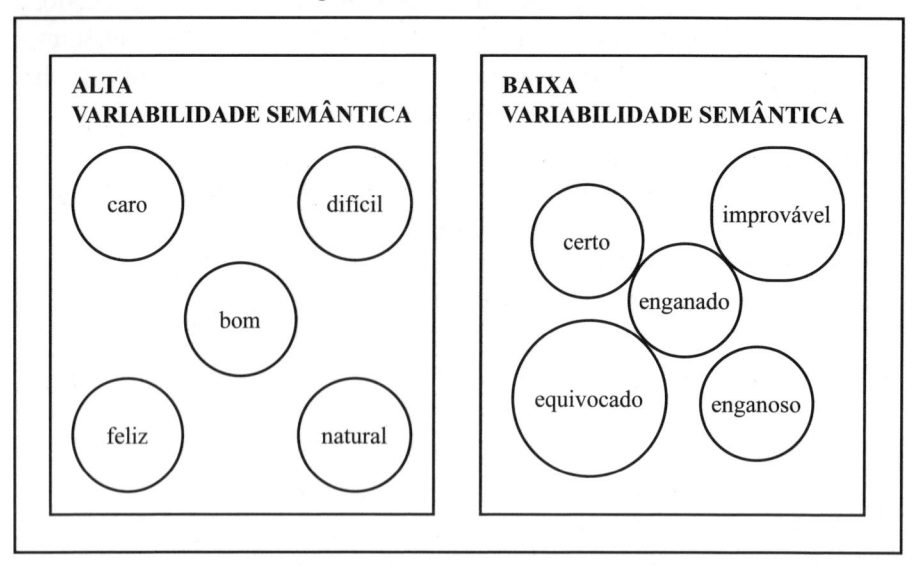

Na imagem da esquerda, temos uma categoria difusa, com alta variabilidade semântica – o que é representado pelo distanciamento espacial entre seus membros. Na imagem da direita, ao contrário, temos uma categoria coesa, com baixa variabilidade semântica – e isso é representado pela proximidade espacial entre seus membros.

Agora que você já entendeu essa ideia, devemos nos perguntar: de que maneira o grau de variabilidade semântica entre os itens experienciados em uma construção afeta o conhecimento linguístico do falante?

Para compreendermos a resposta, precisamos nos lembrar do seguinte: para a GCBU, construções mais abstratas (como <redondamente + ADJETIVO> e <muito + ADJETIVO>) emergem a partir de construções mais concretas. Ou seja, para que o falante tenha chegado a ter uma construção como <redondamente + ADJETIVO> armazenada no seu *constructicon*, ele deve ter antes armazenado construções mais preenchidas, como <redondamente enganado> e <redondamente equivocado>. Se é assim, podemos, provisoriamente, propor a seguinte rede construcional para a construção <redondamente + ADJETIVO>:

Figura 86 – rede construcional de <redondamente + ADJETIVO>

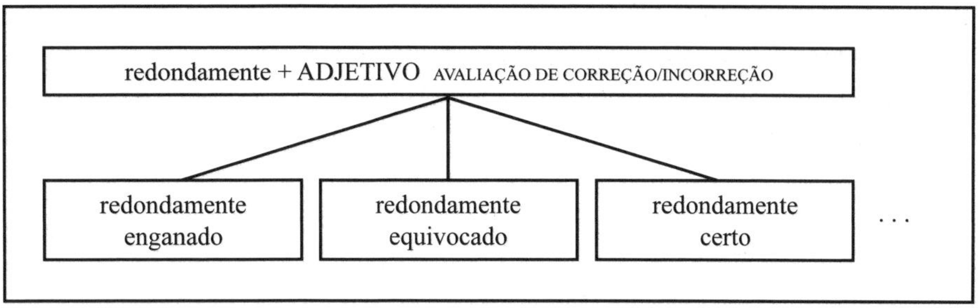

Na parte de baixo dessa rede, temos todas as nove construções preenchidas que incluem o intensificador "redondamente": <redondamente enganado>, <redondamente equivocado> etc. Como você deve se lembrar, uma construção superordenada deve conter tudo o que há em comum entre as construções que lhe são subordinadas. E, como vimos antes, todos os 14 adjetivos que aparecem nas construções subordinadas têm algo em comum: a ideia de AVALIAÇÃO QUANTO À CORREÇÃO/INCORREÇÃO DE DETERMINADA IDEIA. A conclusão é inevitável: se essa propriedade semântica é comum a todas as construções subordinadas, então ela deve estar presente na construção superordenada – e é precisamente isso que nós vemos na Figura 86.

E como fica a rede da construção <muito + ADJETIVO>? Naturalmente, não é possível representar todas as construções de nível mais baixo (já que estamos falando de centenas de adjetivos), mas uma pequena amostra da rede pode ser vista a seguir.

Figura 87 – rede construcional de <muito + ADJETIVO>

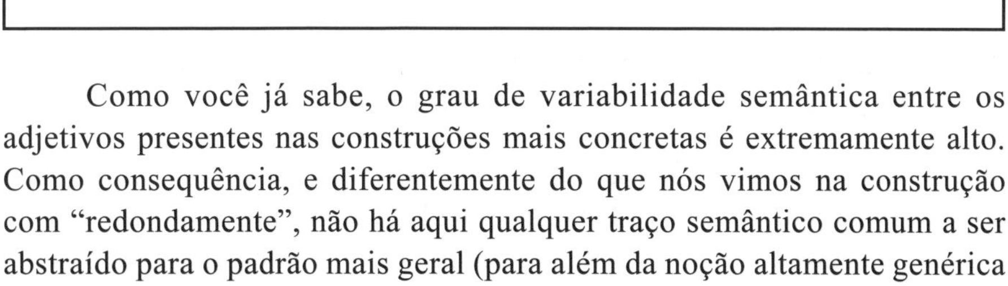

Como você já sabe, o grau de variabilidade semântica entre os adjetivos presentes nas construções mais concretas é extremamente alto. Como consequência, e diferentemente do que nós vimos na construção com "redondamente", não há aqui qualquer traço semântico comum a ser abstraído para o padrão mais geral (para além da noção altamente genérica de propriedade, presente em todos os adjetivos). Como consequência, o *slot*

adjetival da construção superordenada, neste caso, não é específico para qualquer classe semântica.[21]

O que essa discussão nos mostra? Simples: que a variabilidade semântica impacta a representação de construções mais altas. Observe: no caso em que estávamos lidando com um *input* pouco variável (qual seja, o caso da construção <redondamente + ADJETIVO>), obtivemos uma construção superordenada *mais específica* (por especificar a classe semântica do adjetivo); por outro lado, no caso em que estávamos lidando com um *input* semanticamente mais variável (qual seja, o caso da construção <muito + ADJETIVO>), obtivemos uma construção superordenada *menos* específica (por não especificar a classe semântica do adjetivo).

Isso acontece, porque, na GCBU, o *input* é armazenado sob a forma de construções mais específicas. Então, se, na sua experiência, um determinado falante se depara com 500 sequências diferentes de "muito" + adjetivo, ele poderá armazenar individualmente cada uma dessas sequências. Nesse momento, a constatação de similaridades formais e semânticas entre elas permitirá a emergência de uma construção superordenada. Assim, se os itens concretos das construções subordinadas formarem uma categoria coerente, haverá uma propriedade comum a ser abstraída, resultando em uma construção superordenada mais especificada; por outro lado, se os itens concretos das construções subordinadas formarem uma categoria semanticamente difusa, não haverá uma propriedade comum a ser abstraída, resultando em uma construção superordenada com menos especificações.

Em suma, o que estamos vendo aqui é que *o grau de especificidade das construções que nós armazenamos (no nosso conhecimento linguístico) depende do grau de variabilidade semântica entre os itens que nós encontramos (na nossa experiência linguística)*. Assim, se a frequência de ocorrência modifica o conhecimento subjacente reforçando a representação das construções, e a frequência de coocorrência tem o efeito de criar, reforçar ou eliminar *links* sequenciais, a variabilidade semântica do *input* ajuda a modular o grau de especificidade das construções.

JUNTANDO TUDO: A RELAÇÃO ENTRE CONHECIMENTO LINGUÍSTICO E EXPERIÊNCIA LINGUÍSTICA

Neste capítulo, nós estudamos três fatores da experiência linguística do falante que afetam a representação mental do conhecimento linguístico. O esquema a seguir apresenta esses três fatores e identifica os efeitos produzidos por cada um deles.

Figura 88 – efeitos da experiência linguística (uso) sobre o conhecimento linguístico

EXPERIÊNCIA		CONHECIMENTO
Frequência de ocorrência	REFORÇA →	representação mental das construções (aumenta o enraizamento)
Frequência de coocorrência	CRIA, REFORÇA OU ELIMINA →	representação mental dos *links* sequenciais
Variabilidade semântica	MODULA →	grau de especificidade das construções superordenadas

SÍNTESE DO CAPÍTULO

1. O Princípio 2 da GCBU estabelece que o conhecimento linguístico é permanentemente moldado pela experiência linguística do falante.

2. Existem pelo menos dois fatores ligados à experiência que podem afetar o conhecimento subjacente: a *frequência* e a *variabilidade semântica*. No caso da frequência, importa considerar dois subtipos: a *frequência de ocorrência* e a *frequência de coocorrência*.

3. A frequência de ocorrência impacta o conhecimento linguístico reforçando a representação mental da construção (isto é, aumentando seu enraizamento).

4. A frequência de coocorrência impacta o conhecimento linguístico na medida em que é responsável por criar *links* sequenciais, reforçar *links* sequenciais e, no limite, eliminar esses *links*.

5. A variabilidade semântica impacta o conhecimento linguístico da seguinte maneira: quanto menor a variabilidade identificada no *input*, mais específica será a construção emergente (superordenada).

Conhecimento linguístico e cognição geral

No capítulo "Visão geral da Gramática de Construções Baseada no Uso", você conheceu o Princípio 3 da GCBU, que estabelece uma relação entre conhecimento linguístico e cognição geral. Se esse princípio estiver correto, devemos ser capazes de explicar a estrutura e o funcionamento do conhecimento linguístico recorrendo *unicamente* a processos mentais cuja existência já tenha sido demonstrada para outros domínios da cognição humana.

Na literatura em GCBU, esses processos mentais são chamados de **processos cognitivos de domínio geral**. Neste capítulo, nós vamos estudar, especificamente, três deles: a **analogia**, a esquematização e o ***chunking***. Inicialmente, aprenderemos como eles atuam *fora* do domínio da linguagem; em seguida, veremos de que maneira eles ajudam a explicar o conhecimento linguístico.

DO *CONSTRUCTICON* À COGNIÇÃO GERAL

No capítulo "Tipos de *links* e a organização do *constructicon*", você aprendeu que, para a GCBU, o *constructicon* comporta quatro tipos de *links*: simbólicos, sequenciais, verticais e horizontais. Deixando de lado neste momento os *links* simbólicos, podemos representar a estrutura do *constructicon* da seguinte maneira:

Figura 89 – representação esquemática do *constructicon*
com *links* sequenciais, verticais e horizontais

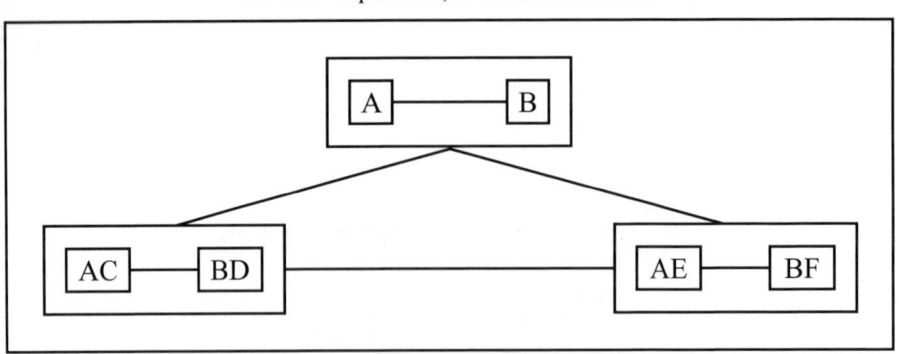

Nessa figura, vemos três dos quatro tipos de *links* estudados no capítulo "Tipos de *links* e a organização do *constructicon*": dentro de cada construção, temos um *link* sequencial; entre as construções <AC/BD> e <AE/BF>, temos um *link* horizontal; e entre essas duas construções (de um lado) e a construção superordenada <A/B> (de outro), temos um *link* vertical (taxonômico). Neste momento, então, a pergunta que nos colocamos é a seguinte: como explicar esse tipo de organização recorrendo apenas a processos cognitivos atuantes na cognição não linguística?

A resposta oferecida pela GCBU é a seguinte: a estrutura vislumbrada na Figura 89 é o resultado da atuação conjunta de três processos amplamente documentados para a cognição geral – a saber, a analogia, a esquematização e o *chunking*. Na próxima seção, trataremos brevemente de cada um deles – e, ao final, retornaremos à Figura 89.

Analogia

A analogia pode ser definida como o processo mental por meio do qual nós identificamos similaridades (correspondências) entre elementos díspares. Em Psicologia Cognitiva, há uma vasta literatura demonstrando a atuação desse processo na cognição não linguística.

Em um desses estudos, conduzido pelas pesquisadoras Mary Gick e Keith Holyoak, os participantes eram apresentados ao seguinte enigma médico:

> Suponha que você é um médico que se depara com um paciente que tem um tumor maligno no estômago. É impossível operar o paciente, mas, se o tumor não for destruído, ele morrerá. Existe um tipo de raio que pode ser usado para destruir o tumor. Se os

raios alcançarem o tumor de uma só vez com intensidade alta, ele será destruído. Infelizmente, nessa intensidade, o tecido saudável que será atravessado pelos raios também será destruído. Em intensidades mais baixas, os raios são inofensivos para o tecido saudável, mas também não afetam o tumor. Que tipo de radiação pode ser usado para destruir o tumor e, ao mesmo tempo, evitar a destruição do tecido saudável? (Gick; Holyoak, 1980: 307-308; tradução do autor)

Responder a essa pergunta não é uma tarefa fácil. Não à toa, a maioria dos participantes que tentou desvendar o enigma sem qualquer tipo de ajuda não conseguiu propor uma solução adequada.

No entanto, um outro grupo de participantes teve vida mais fácil: antes de serem apresentados ao problema, eles liam uma história sobre um ditador impiedoso. Uma das versões dessa história dizia o seguinte:

Um pequeno país caiu sob o domínio de um ditador autoritário. O ditador governava o país a partir de uma fortaleza bem protegida, que ficava localizada bem no meio do território e era rodeada por fazendas e cidadelas. Muitas estradas irradiavam para fora da fortaleza, como os raios da roda de uma bicicleta. Um general arregimentou um grande exército e se propôs a conquistar a fortaleza e libertar o país do ditador – ele sabia que, se todo o exército atacasse ao mesmo tempo, seria possível alcançar esse objetivo. Suas tropas estavam postadas na entrada de uma das estradas que levava para a fortaleza, prontas para atacar. No entanto, um espião trouxe ao general uma informação perturbadora: o ditador impiedoso havia instalado minas em cada uma das estradas. As minas foram colocadas de maneira tal que uma quantidade pequena de pessoas poderia passar por elas com segurança; afinal, o ditador precisava conseguir mover tropas e trabalhadores da e para a fortaleza. No entanto, uma força mais intensa detonaria as minas. Não apenas isso explodiria as estradas, tornando-as intransitáveis, como ainda levaria a uma violenta retaliação. Assim, um ataque direto, com força total, parecia impossível.

O general, contudo, era sagaz. Ele dividiu seu exército em pequenos grupos e enviou cada um para o início de uma estrada diferente. Quando tudo estava pronto, ele deu o sinal, e os grupos marcharam em direção à fortaleza. Todos os grupos atravessaram as minas com segurança, e o exército então atacou a fortaleza com força total. Dessa maneira, o general foi capaz de conquistar a fortaleza e depor o ditador. (Gick; Holyoak, 1980: 351; tradução do autor)

Para os participantes que leram essa história, o problema do paciente com tumor não pareceu tão intratável. Pelo contrário: 100% deles foram capazes de oferecer uma solução eficaz, segundo a qual os médicos deveriam lançar diversos raios de baixa intensidade a partir de pontos distintos do organismo do paciente. Dessa maneira, os raios não afetariam o tecido saudável, mas, ao se combinarem ao final da trajetória, teriam força suficiente para destruir o tumor.

Como os participantes conseguiram chegar a essa solução? Intuitivamente, você sabe a resposta: eles identificaram *correspondências analógicas* entre as duas histórias. Isto é: eles "olharam" para as duas situações e estabeleceram conexões entre seus diferentes elementos. Algo mais ou menos assim: o tumor corresponde à fortaleza; os raios correspondem aos soldados; a trajetória dos raios (repleta de tecidos saudáveis) corresponde à travessia dos soldados (repleta de minas terrestres); e por aí vai.

O estabelecimento dessas correspondências permitiu aos participantes estenderem a analogia. Para isso, presumivelmente, eles recorreram ao seguinte raciocínio: se, para tomar a fortaleza, é possível enviar vários grupos pequenos a partir de pontos diferentes (de modo que eles se reúnam ao final da caminhada), então, para destruir o tumor, é possível lançar vários raios de baixa intensidade a partir de pontos diferentes (de modo que eles se combinem ao final da trajetória).

O que esse experimento demonstra é, muito simplesmente, que a analogia deve ser incluída no rol de processos cognitivos gerais que o ser humano é capaz de realizar. E, sendo este o caso, praticantes da GCBU tendem a se fazer a seguinte pergunta: esse processo também ajuda a estruturar o conhecimento linguístico? Voltaremos a esse ponto ao final do capítulo.

Esquematização

A esquematização (sobre a qual já falamos no capítulo "Visão geral da Gramática de Construções Baseada no Uso") pode ser definida como o processo cognitivo por meio da qual nós construímos representações abstratas a partir de elementos concretos. Assim como a analogia, esse processo também conta com uma vasta literatura em Psicologia Cognitiva (que demonstra, para além de qualquer dúvida, sua operação na cognição não linguística).

Vejamos, por exemplo, um experimento conduzido pelos pesquisadores Kathryn M. Dewar e Fei Xu com bebês de apenas 9 meses (Dewar; Xu, 2010). Para esse estudo, eles usaram quatro caixas, cada qual contendo quatro peças de madeira de diferentes formas geométricas (por exemplo, círculos, quadrados, triângulos e estrelas). Dentro das caixas 1, 2 e 3, todas as quatro peças tinham necessariamente o mesmo formato (por exemplo, em uma caixa só havia círculos; na outra, apenas quadrados; e na terceira, somente triângulos). Além disso, dentro de cada caixa, todas as peças tinham cores diferentes (por exemplo, uma caixa poderia ter um círculo amarelo, um vermelho, um verde e um azul, mas nunca dois círculos amarelos).

Durante o estudo, o experimentador removia, uma a uma, as peças de todas as caixas e as mostrava aos bebês que participavam do experimento. Imagine, então, a seguinte situação. Inicialmente, o experimentador retira da caixa 1 um círculo amarelo e o apresenta ao bebê. Na sequência, ele retira, da mesma caixa, uma segunda peça, que será necessariamente um círculo de outra cor. O mesmo procedimento se repete mais duas vezes, até que se esgotam as peças daquela caixa. Nesse momento, então, o bebê terá sido exposto a quatro círculos de quatro cores diferentes.

Na sequência, o experimentador faz o mesmo com as caixas 2 e 3. Lembre-se de que o formato das peças muda de uma caixa para outra. Então, quando o experimentador passa para a caixa 2, o bebê deixa de ver círculos e passa a ver peças de outro formato – digamos, quadrados. O mesmo vale para a caixa 3: se na primeira caixa havia círculos e, na segunda, quadrados, na caixa 3 pode haver, por exemplo, triângulos.

De todo modo, a lógica, nessas três primeiras caixas, é sempre a mesma: o pesquisador remove as peças uma a uma, e o que o bebê observa, em todos os casos, é que, de dentro de cada caixa, só saem peças de *mesmo formato e cores diferentes*.

Quando chegava o momento da caixa 4, porém, duas coisas podiam acontecer. Ora, a brincadeira transcorria como esperado – ou seja, depois de remover uma peça com determinado formato e cor (por exemplo, uma estrela vermelha), o experimentador removia outra peça com o mesmo formato e outra cor (digamos, uma estrela azul). Às vezes, porém, ocorria uma situação inesperada: depois de retirar uma peça com determinado formato (como uma estrela vermelha), o experimentador retirava uma segunda peça com *outro formato* e outra cor (por exemplo, um círculo azul). Essas duas possibilidades estão representadas na Figura 90.

Figura 90 – experiência visual dos bebês no experimento sobre esquematização.
No experimento, as formas geométricas eram coloridas.
Na imagem, cada tom de cinza corresponde a uma cor diferente.

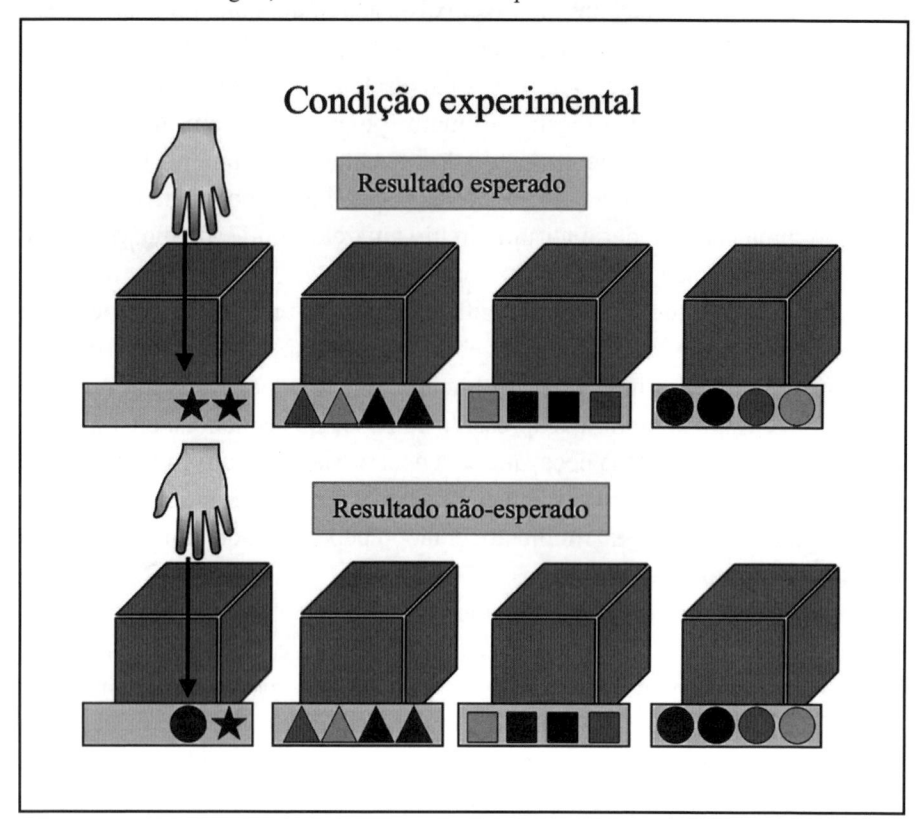

Fonte: traduzido e adaptado de Dewar e Xu (2010: 1873). Ilustração: Sara Martins Adelino

Nessa imagem, vemos uma representação da situação descrita até aqui. Imagine que o experimentador começa pela caixa mais à direita e vai se movendo progressivamente para a esquerda. Assim, na primeira caixa, o experimentador acaba por retirar quatro círculos (de quatro cores distintas); na segunda, ele retira quatro quadrados (também de quatro cores distintas); e por aí vai.

Mas, afinal, para que toda essa encenação? Em poucas palavras, o que os pesquisadores queriam saber era se os bebês se *espantariam* diante da cena que violava o padrão. Isto é: depois de presenciarem três situações em que todas as peças removidas de um mesmo contêiner tinham o mesmo formato, eles sentiriam estranhamento ao se deparar com uma situação na qual duas peças de formatos diferentes eram retiradas de determinada caixa?

Para mensurarem esse espanto, os pesquisadores usaram uma técnica conhecida: eles cronometraram por quanto tempo o bebê permanecia olhando para a caixa 4 em cada uma das situações (com resultado esperado e inesperado). O princípio aqui é bastante simples: quanto mais longa a mirada, maior a surpresa diante da situação.

Os resultados confirmaram que os bebês foram de fato sensíveis à violação do padrão: em média, quando expostos à situação surpreendente, eles encararam a cena por 14,28 segundos – contra apenas 11,32 segundos no caso da situação previsível. De alguma maneira, portanto, os bebês esperavam que a segunda peça da caixa 4 tivesse o mesmo formato da primeira – e, quando entenderam que esse não era o caso, sentiram algum estranhamento.

Neste momento, você deve lembrar o seguinte: a primeira peça da caixa 4 tem, necessariamente, um formato inédito para o bebê. Por exemplo: se o experimentador tirar, das caixas 1, 2 e 3, círculos, quadrados e triângulos (respectivamente), então a primeira peça a ser removida da caixa 4 não poderá ser um círculo, um quadrado ou um triângulo – deverá ser, em vez disso, uma estrela. Agora, pense comigo: se o bebê tivesse visto o experimentador retirar estrelas de uma caixa anterior (digamos, da caixa 2), ele poderia ter inferido uma regra do tipo "se a primeira peça retirada é uma estrela, então as demais também deverão ser estrelas". Mas como a caixa 4 continha, necessariamente, peças em um formato inédito, isso não pode ter acontecido – simplesmente não é possível que, antes da experiência com a caixa 4, ele tenha inferido uma regra específica sobre estrelas.

Mas, se é assim, devemos nos perguntar: o que levou os bebês a se espantarem quando testemunharam, na caixa 4, uma situação que violava o padrão? Se eles não tinham qualquer expectativa específica sobre estrelas (ou sobre qualquer que fosse o tipo de peça contida na caixa 4 em determinada rodada do experimento), o que os fez tomarem um susto quando viram ser retirada, depois de uma estrela, alguma peça com outro formato?

No fundo, você já sabe a resposta: eles tinham uma expectativa de que, após a retirada de uma peça com um formato qualquer, a peça seguinte tivesse o *mesmo formato* da anterior (qualquer que fosse ele). Isso é interessante porque mostra que bebês muitos novos são capazes de inferir *regras abstratas*. Em termos simples: em vez de se limitarem a inferir regras relativas às formas geométricas anteriormente encontradas (do tipo "se a primeira peça for uma estrela, as demais também serão"), eles construíam uma regra que *extrapolava* as formas previamente experienciadas (algo do tipo "se a primeira tiver um formato X, as demais terão um formato X").

O que esse experimento nos ensina, portanto, é que o ser humano é capaz (desde a mais tenra idade) de *construir representações abstratas a partir de experiências concretas*. Isto é: com apenas 9 meses, nós já conseguimos extrapolar os dados da experiência sensorial imediata (círculo, quadrado, etc.) para pensar, de forma mais abstrata, em termos de *mesmo formato* (qualquer que seja ele) e *formato diferente* (qualquer que seja ele).

Se é assim, parece claro que o processo de esquematização – que vem a ser, precisamente, a construção de representações abstratas a partir da experiência concreta – deve ser incluído no rol dos mecanismos cognitivos que atuam na nossa cognição não linguística. Diante disso, a pergunta que um praticante da GCBU é a seguinte: esse processo de domínio geral ajuda a estruturar também o conhecimento linguístico? Voltaremos a esse ponto no final do capítulo.

Chunking

O *chunking* é o mecanismo cognitivo geral por meio do qual dois elementos em princípio independentes passam a ser representados como uma única unidade. Assim como a analogia e a esquematização, também esse processo conta com uma longa tradição de estudos em Psicologia Cognitiva. Aqui, vamos conhecer um estudo clássico, conduzido por William G. Chase e Herbert A. Simon, sobre a atuação do *chunking* nos jogos de xadrez (Chase; Simon, 1973).

Esse estudo envolveu apenas três enxadristas: um mestre, um jogador "classe A" e um iniciante. Os três foram apresentados a 28 tabuleiros de xadrez, cada qual com a própria distribuição de peças. Em 20 dos 28 tabuleiros, a disposição das peças foi tirada de imagens de jogos reais (obtidas em livros e revistas sobre xadrez). Nos outros 8 tabuleiros, as peças estavam dispostas aleatoriamente: os pesquisadores simplesmente partiam de um tabuleiro real e alteravam a posição das peças sem qualquer critério. Além disso, entre os 20 tabuleiros reais, 10 exibiam posições típicas de meio de jogo, enquanto os outros 10 apresentavam posições próprias de final de jogo.

Nesse estudo, uma das tarefas dos participantes consistia em olhar para cada tabuleiro por 5 segundos e, na sequência, tentar reconstruir a disposição das peças em um tabuleiro vazio. A ideia, portanto, era verificar quantas posições cada indivíduo conseguiria reter na memória após uma rápida olhada para o tabuleiro.

Nas tabuleiros retirados de jogos reais, o desempenho dos jogadores mais experientes foi claramente superior ao dos menos experientes. Nos tabuleiros com posições de meio de jogo, por exemplo, o participante mestre foi capaz de posicionar corretamente uma média de 16 peças – contra 8 peças do jogador classe A e apenas 4 do iniciante. Já no tabuleiro com posições de final de jogo, as médias foram de 8, 7 e 4, respectivamente.

Em princípio, alguém poderia suspeitar que jogadores mais experientes simplesmente têm uma memória melhor (por qualquer razão). Mas essas interpretação cai por terra quando nós observamos os resultados dos tabuleiros aleatórios (aqueles em que as peças foram embaralhadas pelos pesquisadores sem qualquer critério). Nesse caso, simplesmente não se observou qualquer relação entre a experiência do jogador e a quantidade de posições memorizadas – e, além disso, todos os três participantes tiveram desempenhos *inferiores* ao desempenho do participante iniciante nos tabuleiros reais.

Diante disso, não faz sentido supor que jogadores mais experientes tenham mais capacidade de memória – se fosse assim, eles também se lembrariam de mais peças nos tabuleiros aleatórios. Em vez disso, o que parece acontecer é que jogadores mais experientes armazenam na memória *configurações inteiras de peças* (isto é, padrões de distribuição espacial das peças nos tabuleiros), e não peças individuais. A título de ilustração, a imagem a seguir mostra duas dessas configurações.

Figura 91 – dois padrões de configuração de peças no tabuleiro de xadrez

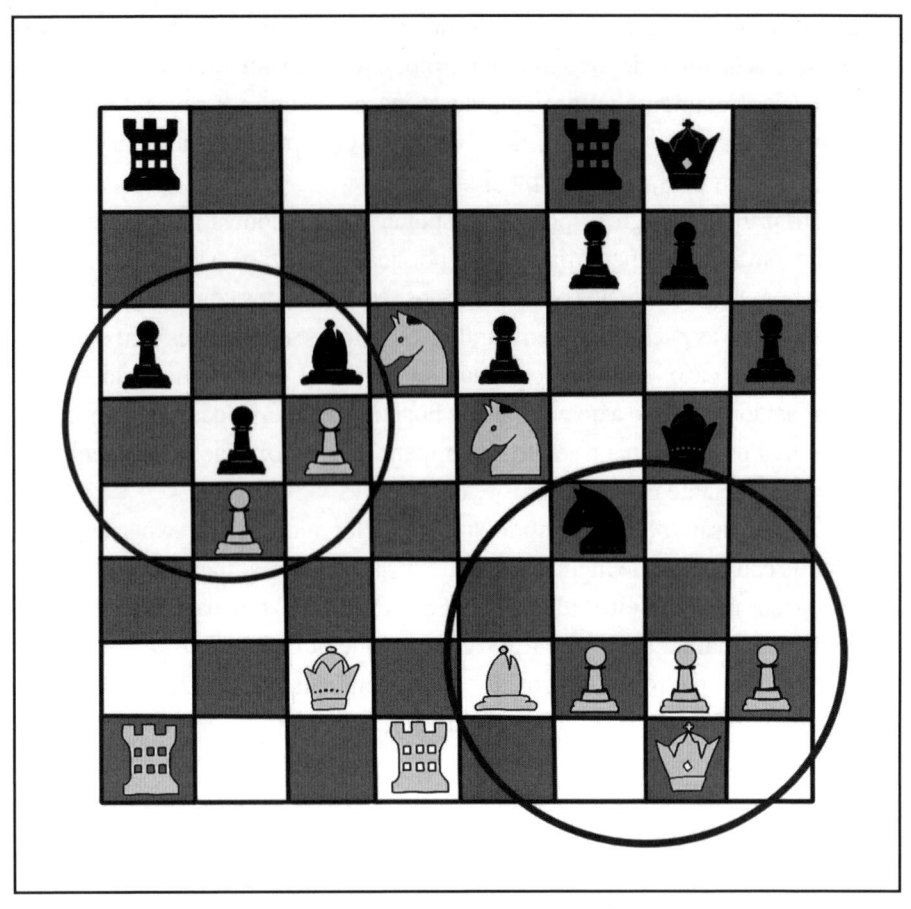

Fonte: adaptado de Gobet e Lane (2012: 542). Ilustração: Sara Martins Adelino

Na prática, isso significa o seguinte: depois de olhar para os tabuleiros por 5 segundos, os enxadristas mais experientes não retinham na memória mais unidades que os menos experientes. Na verdade, o que acontecia é que eles retinham unidades maiores e mais complexas. Isto é: em vez memoriza-rem peças isoladas, eles memorizavam configurações espaciais formadas por diversas peças, como aquelas da Figura 91.

No fundo o que esse experimento mostra é como a mente reage à experiência. A ideia aqui é a seguinte: quando nós nos deparamos, de forma recorrente, com determinado conjunto de elementos, dispostos em uma certa ordem, deixamos de representá-los como elementos isolados e passamos a representá-los como uma unidade. Esse processo é chamado de *chunking*, e o resultado dele – isto é, as unidades complexas armazenadas na memória – é chamado de *chunk*. Na Figura 91, portanto, os círculos identificam dois *chunks* que, por hipótese, estão armazenados na mente dos enxadristas mais experientes.

Esse experimento clássico (assim como muitos outros) sugere que nossa mente tem uma tendência natural a agrupar em um único bloco elementos que tipicamente aparecem juntos – como peças de xadrez em configurações espaciais recorrentes. Isso significa, em outras palavras, que o *chunking* deve ser incluído no rol dos processos mentais que operam na nossa cognição não linguística. Diante disso, a pergunta que nós nos fazemos, mais uma vez, é a seguinte: será que esse processo também ajuda a estruturar a cognição linguística?

DA COGNIÇÃO GERAL AO *CONSTRUCTICON*

No início deste capítulo, nós apresentamos uma representação (parcial) da estrutura do *constructicon* de acordo com a GCBU. Nela, havia *links* sequenciais, horizontais e verticais. Naquele momento, a pergunta que nós levantamos foi a seguinte: é possível explicar essa organização do conhecimento linguístico com base unicamente em processos cognitivos de domínio geral?

Agora, já estamos em condições de responder: para a GCBU, nosso *constructicon* é estruturado, em larga medida, pelos mecanismos cognitivos gerais de analogia, esquematização e *chunking*. Em outras palavras: o conhecimento linguístico do falante tem a forma que tem – com construções ligadas entre si por *links* horizontais e verticais, e componentes internos às construções conectados por *links* sequenciais – porque ele integra um aparato cognitivo que conta precisamente com aqueles mecanismos.

Para esclarecermos esse ponto, vamos considerar, separadamente, cada um dos processos estudados ao longo deste capítulo. Comecemos pela analogia, o mecanismo que nos permite identificar afinidades entre elementos díspares. Como você já viu, nós recorremos a essa habilidade quando precisamos, por exemplo, estabelecer correspondências entre um problema médico e um impasse militar. Não é difícil, contudo, perceber que o mesmo mecanismo opera na comparação entre duas construções distintas.

Pense nas construções <Camarão que dorme, a onda leva> e <Águas passadas não movem moinhos> (com as quais já nos deparamos ao longo deste livro). Como você sabe, o falante é capaz de reconhecer similaridades formais e semânticas entre elas (por exemplo, a estrutura sintática SVO e a ideia de que

CAUSADOR AFETA ENTIDADE AFETADA) – e é precisamente esse reconhecimento que nós capturamos quando postulamos que essas construções estão ligadas por um *link* horizontal. Agora, pense comigo: quando o falante "justapõe mentalmente" essas duas construções, a fim de flagrar as afinidades entre elas, ele está realizando essencialmente a mesma operação que é levada a cabo quando nós cotejamos o problema médico do tumor ao impasse do general que deseja destituir um ditador – qual seja, o estabelecimento de correspondências entre elementos díspares. Essa operação corresponde, precisamente, ao mecanismo conhecido como *analogia*.

No caso da esquematização, a lógica é a mesma. Sabemos que o ser humano é capaz de inferir estruturas abstratas a partir de dados concretos da experiência (como fizeram os bebês de apenas 9 meses ao conceber a ideia altamente abstrata de *caixa com peças de mesmo formato* a partir da observação de diversas caixas concretas). Para a GCBU, então, esse mesmo processo atua sobre representações linguísticas, levando-nos a inferir a existência de construções abstratas (como a Construção Transitiva) a partir de construções mais concretas (como <Camarão que dorme, a onda leva> e <Águas passadas não movem moinhos>).

Com efeito, a ideia é a de que a analogia e a esquematização atuam em parceria na estruturação do conhecimento linguístico: a analogia nos permite cotejar construções de mesmo nível hierárquico (e identificar entre elas afinidades que são representadas por *links* horizontais); a esquematização leva à emergência de construções mais abstratas (que estão ligadas às construções mais concretas por meio de *links* taxonômicos).

E o que dizer do *chunking*, o mecanismo cognitivo por meio do qual elementos em princípio independentes passam a ser representados mentalmente como um bloco único? Aqui, não é difícil enxergar a analogia entre, de um lado, a memorização de configurações de peças de xadrez (como aquelas da Figura 91) e o armazenamento de sequências pré-fabricadas, como "redondamente enganado" ou "frio e calculista".

Pense comigo: em princípio, cada peça em um tabuleiro de xadrez poderia ser tratada como um elemento independente – assim como é possível tratar "redondamente", "enganado", "frio", "e", e "calculista" como palavras independentes. Na prática, porém, a memória dos enxadristas parece agrupar certas disposições de peças em um único pacote mental, armazenando-as como em um todo – e, de maneira perfeitamente análoga, os falantes parecem agrupar sequências recorrentes, como "redondamente enganado" e "frio e calculista", em um único bloco. Ao que tudo indica, portanto, estamos novamente diante de uma situação em que o mesmo mecanismo cognitivo atua tanto sobre representações não linguísticas (fazendo peças isoladas passarem a ser armazenadas como configurações complexas de peças) quanto sobre representações linguísticas (fazendo palavras isoladas passarem a ser representadas como unidades).

Se é assim, o efeito do *chunking* sobre o nosso conhecimento linguístico se faz sentir, especificamente, nos *links* sequenciais – aqueles que conectam componentes distintos de uma mesma construção. Afinal, ao gerar agrupamentos entre elementos originalmente independentes, o que esse processo faz é *criar links* sequenciais entre eles – que, como resultado, passam a ser percebidos como partes de um todo.

A julgar por essa breve discussão, parece ser possível associar três processos cognitivos de domínio geral (a analogia, a esquematização e o *chunking*) a três dos tipos de *link* que podem ser encontrados na rede construcional (respectivamente, os *links* horizontais, verticais e sequenciais). A moral da história, então, é bastante simples: tudo indica que a estrutura do nosso conhecimento linguístico é diretamente dependente dos princípios de funcionamento da nossa cognição não linguística – exatamente como preconiza o Princípio 3 da GCBU.

Se você tem familiaridade com o paradigma da Linguística Gerativa, sabe que um dos seus pilares fundamentais é o princípio da modularidade da mente. A ideia aqui é a de que diferentes capacidades cognitivas (linguagem, raciocínio matemático, orientação espacial etc.) correspondem a "módulos" distintos da mente humana, cada um operando segundo princípios exclusivos.[22] Com base no que nós estudamos neste capítulo, não é difícil concluir que a proposta da GCBU é radicalmente oposta: adeptos desse modelo acreditam que os mesmos processos cognitivos que atuam fora do domínio da linguagem – como a analogia, a esquematização e o *chunking* – também estruturam a cognição linguística.

No fundo, o que essa hipótese define é um *programa de pesquisas instigante*, segundo o qual nós devemos tentar explicar o funcionamento do sistema linguístico recorrendo unicamente a mecanismos cognitivos que já precisariam ser reconhecidos de qualquer maneira (para explicar o funcionamento da cognição não linguística). A lógica por trás dessa opção é bastante simples: se existem certos mecanismos cuja existência é inquestionável, o ideal, inicialmente, é tentar explicar a linguagem apenas com base neles. Isto é: só faz sentido buscar processos adicionais (e especificamente linguísticos) se os mecanismos de domínio geral já estabelecidos não se mostrarem à altura da tarefa.

A GCBU, então, se dedica a essa agenda de investigação: seus praticantes têm se esforçado para explicar diferentes fenômenos gramaticais por meio de um vasto repertório de processos cognitivos de domínio geral. Aqui, nós só pudemos cobrir três deles (a analogia, a esquematização e o *chunking*), mas isso deve ter sido suficiente para que você entenda, na sua essência, o Princípio 3 da GCBU.[23]

JUNTANDO TUDO:
A RELAÇÃO ENTRE CONHECIMENTO LINGUÍSTICO
E COGNIÇÃO GERAL

Existem muitas evidências empíricas de que a mente humana é capaz de (i) estabelecer correspondências analógicas entre elementos distintos (o que corresponde ao processo que estamos chamando de *analogia*); (ii) formar representações abstratas (o que corresponde ao processo que estamos chamando de *esquematização*); e (iii) agrupar elementos independentes em um bloco único (o que corresponde ao processo de *chunking*). Para a GCBU, esses processos cognitivos de domínio geral são responsáveis, em grande medida, pela estrutura do nosso conhecimento linguístico. A relação entre cada processo e diferentes aspectos da organização do *constructicon* está sintetizada na figura a seguir.

Figura 92 – relação entre conhecimento linguístico e cognição geral

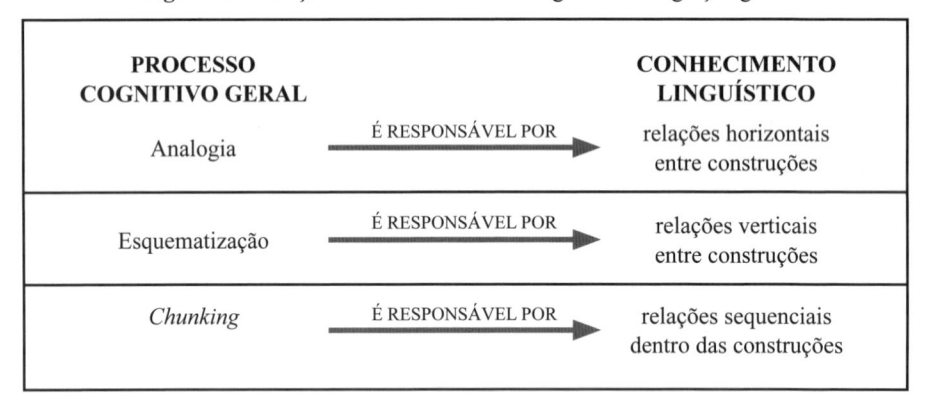

PROCESSO COGNITIVO GERAL		CONHECIMENTO LINGUÍSTICO
Analogia	É RESPONSÁVEL POR ⟶	relações horizontais entre construções
Esquematização	É RESPONSÁVEL POR ⟶	relações verticais entre construções
Chunking	É RESPONSÁVEL POR ⟶	relações sequenciais dentro das construções

SÍNTESE DO CAPÍTULO

1. Para a GCBU, o conhecimento linguístico é governado pelos mesmos processos cognitivos que atuam na cognição não linguística. Esses mecanismos são muitas vezes chamados de *processos cognitivos de domínio geral*.

2. Três dos processos de domínio geral que têm sido associados à cognição linguística são a analogia, esquematização e o *chunking*.

3. A analogia é o processo por meio do qual identificamos similaridades entre elementos díspares; a esquematização é o processo por meio do qual construímos representações abstratas a partir de dados concretos; e o *chunking* é o processo por meio do qual elementos independentes passam a ser representados mentalmente como uma unidade, isto é, como um bloco único.

4. A GCBU hipotetiza que esses processos estruturam também o conhecimento linguístico, de maneira tal que: (i) a existência de *links* horizontais se deve ao mecanismo da analogia; (ii) a existência de *links* taxonômicos (e de construções superordenadas) se deve ao mecanismo de esquematização; e (iii) a existência de *links* sequenciais se deve ao mecanismo de *chunking*.

Variação linguística

Como você já sabe, a GCBU defende que o *constructicon* tem estrutura hierárquica, com múltiplos níveis de representação. Neste capítulo, que encerra nosso curso básico de GC, veremos por que esse tipo de representação é apropriado para lidar com o fenômeno da variação linguística.

Tipicamente, consideramos que estamos diante de um fenômeno variável sempre que existem duas ou mais formas disponíveis para falar "a mesma coisa". Por exemplo, tanto ['maɪ] quanto ['max] veiculam a ideia de GRANDE MASSA E EXTENSÃO DE ÁGUA SALGADA, e tanto "nós vamos" quanto "a gente vamos" veiculam a ideia de que O FALANTE E MAIS UMA PESSOA VÃO A ALGUM LUGAR. Nesses dois casos, portanto, estamos lidando com fenômenos variáveis.

Com frequência, o emprego de uma ou outra variante revela algo sobre a identidade do falante. Por exemplo, quando ouvimos ['maɪ], talvez imaginemos que o falante é do interior paulista (e não, digamos, do Rio de Janeiro), ao passo que, diante da forma ['max], podemos supor que se trata de um falante carioca. Da mesma maneira, se ouvimos "a gente vamos", talvez imaginemos que o falante é pouco escolarizado, o que não acontece quando ouvimos "nós vamos". Na tradição da Sociolinguística Variacionista, informações dessa natureza (como a região geográfica do falante e seu grau de escolaridade) são tratadas como *condicionadores extralinguísticos* – isto é, fatores sociais que condicionam o uso de uma ou outra variante.

Para o tratamento da variação na GCBU, o pulo do gato consiste em considerar que esse tipo de informação social *deve ser diretamente especificado no polo do significado das construções gramaticais*. Em termos práticos: diremos que a construção <maɪ> incluirá não apenas a informação GRANDE

MASSA E EXTENSÃO DE ÁGUA SALGADA, mas também algo como FALANTE DO INTERIOR PAULISTA.[24] Essa é, portanto, a grande lição deste capítulo: *informações de natureza social/identitária evocadas por uma construção também são parte do seu significado.*

Nas próximas páginas, veremos na prática de que maneira a variação linguística pode ser incorporada na representação das construções gramaticais. Para isso, discutiremos um caso de variação fonológica, um caso de variação morfológica e um caso de variação sintática.

REPRESENTAÇÃO DA VARIAÇÃO FONOLÓGICA

A esta altura, você já sabe que palavras são construções gramaticais. Sendo assim, cada palavra que você conhece – digamos, "festa", "cadeira" e "poxa" – corresponde, no seu *constructicon*, a uma construção diferente. Mas aqui há um problema: em muitos casos, nós conhecemos diferentes pronúncias da mesma palavra. Por exemplo: você provavelmente já ouviu tanto a pronúncia [ˈfɛʃtə] (que é própria de variedades como a carioca, a belenense ou a florianopolitana) quanto a pronúncia [ˈfɛstə] (que é própria da maior parte das regiões brasileiras). Mas, se é assim, como exatamente essa palavra está representada no nosso *constructicon*? Como /ˈfɛʃtə/, como /ˈfɛstə/ ou como alguma representação abstrata que não especifica nenhuma dessas duas pronúncias?[25]

A resposta da GC é simples: de todas essas maneiras. A maioria dos brasileiros está familiarizada com ambas as pronúncias de "festa". Para a GC, isso significa que eles têm, armazenadas no *constructicon*, tanto a forma /ˈfɛʃtə/ quanto a forma /ˈfɛstə/. Essas formas, claro, são muito semelhantes quanto ao seu significado – mas não são idênticas. Para entender por que, pense o seguinte: quando você ouve alguém falando [ˈfɛʃtə] ou [ˈfɛstə], consegue concluir alguma coisa sobre a origem geográfica do falante – no primeiro caso, pode imaginar que se trata de um morador do Rio de Janeiro, de Belém do Pará e de Florianópolis (a depender do seu conhecimento sobre os diferentes sotaques); no segundo caso, deverá imaginar que se trata de um morador de outra região do Brasil diferente dessas três. Se é assim, podemos propor as seguintes representações:

Figura 93 – representação das construções <'fɛʃtə> e <'fɛstə>

FORMA **Fonologia** **Morfossintaxe**	/'fɛ.ʃ$_1$.tə/$_2$ N$_2$	↕
SIGNIFICADO **Semântica**	'EVENTO RECREATIVO OU COMEMORATIVO QUE REÚNE MUITAS PESSOAS'$_2$	
Pragmática	'FALANTE DO RIO DE JANEIRO OU BELÉM DO PARÁ ETC.'$_1$	

FORMA **Fonologia** **Morfossintaxe**	/'fɛ.s$_1$.tə/$_2$ N$_2$	↕
SIGNIFICADO **Semântica**	'EVENTO RECREATIVO OU COMEMORATIVO QUE REÚNE MUITAS PESSOAS'$_2$	
Pragmática	'FALANTE DE FORA DO RIO DE JANEIRO, BELÉM DO PARÁ ETC.'$_1$	

O que essa figura sugere é que o *constructicon* de um falante do português inclui (pelo menos) duas realizações da palavra "festa": com /ʃ/ e com /s/. Note que, do ponto de vista semântico, o significado expresso por elas é o mesmo: as duas construções denotam um EVENTO RECREATIVO OU COMEMORATIVO QUE REÚNE MUITAS PESSOAS. Do ponto de vista pragmático, contudo, elas comunicam coisas muito distintas: enquanto /'fɛʃta/ sugere que o falante deve ser carioca, belenese ou florianopolitano, /'fɛstə/ sugere que o falante provavelmente *não* é de nenhuma dessas regiões.

Ao mesmo tempo, porém, qualquer falante reconhece que as formas /'fɛʃtə/ e /'fɛstə/ têm similaridades no que tange tanto à forma quanto ao significado. No que se refere à forma, (i) ambas apresentam um /f/, seguido de um /ɛ/, seguido de uma consoante em coda, seguido de um /t/, seguido de um /ə/; e (ii) ambas são um Nome; quanto ao significado, ambas expressam a ideia de EVENTO RECREATIVO OU COMEMORATIVO QUE REÚNE MUITAS PESSOAS. Se é assim, podemos postular a existência de uma construção superordenada, que abrange as duas construções mais específicas representadas na Figura 93. Assim:

Figura 94 – rede construcional com as construções <fɛʃta>, <fɛsta> e <fɛSta>

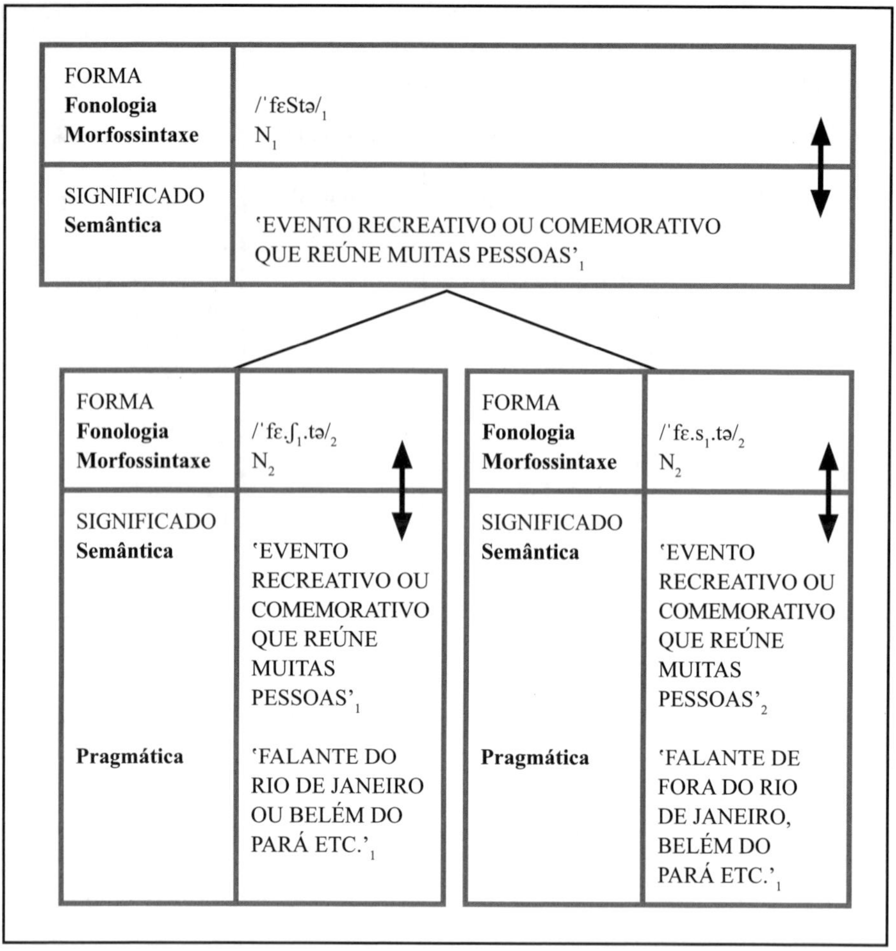

FORMA **Fonologia** **Morfossintaxe**	/'fɛStə/$_1$ N$_1$
SIGNIFICADO **Semântica**	'EVENTO RECREATIVO OU COMEMORATIVO QUE REÚNE MUITAS PESSOAS'$_1$

FORMA **Fonologia** **Morfossintaxe**	/'fɛ.ʃ$_1$.tə/$_2$ N$_2$	FORMA **Fonologia** **Morfossintaxe**	/'fɛ.s$_1$.tə/$_2$ N$_2$
SIGNIFICADO **Semântica**	'EVENTO RECREATIVO OU COMEMORATIVO QUE REÚNE MUITAS PESSOAS'$_1$	SIGNIFICADO **Semântica**	'EVENTO RECREATIVO OU COMEMORATIVO QUE REÚNE MUITAS PESSOAS'$_2$
Pragmática	'FALANTE DO RIO DE JANEIRO OU BELÉM DO PARÁ ETC.'$_1$	**Pragmática**	'FALANTE DE FORA DO RIO DE JANEIRO, BELÉM DO PARÁ ETC.'$_1$

O que nós vemos na Figura 94 é uma rede construcional taxonômica essencialmente idêntica a outras que já apareceram ao longo deste livro. A lógica, afinal, é exatamente a mesma: a construção mais alta captura tudo aquilo o que as construções mais baixas têm em comum (e descarta o que elas têm de diferente). O resultado disso é que essa construção mais alta funciona como uma categoria abstrata, da qual as construções mais baixas são membros.

Comparando as duas construções mais baixas, você pode constatar que elas têm muitos traços comuns – as diferenças, na verdade, estão apenas no segmento sonoro que ocupa a posição de coda e na especificação pragmática.

Estes são, portanto, os traços que *não* serão preservados na construção mais alta. Assim, na coda da primeira sílaba, usamos um S maiúsculo para indicar que há, nessa posição, um segmento sonoro inespecífico (seguindo a representação tradicional do chamado "arquifonema /S/"). Quanto à informação pragmática, ela simplesmente desaparece da construção mais alta – isto é, enquanto as construções mais específicas veiculam informação semântica *e* pragmática, a construção mais abstrata veicula apenas informação semântica.

Como você pode ver, a proposta da GCBU é a de que o falante armazena *tanto as variantes de uma palavra quanto as abstrações que emergem a partir delas*. Tipicamente, as variantes concretas armazenadas contarão com uma informação pragmática que não estará presente na forma mais abstrata. Pense, por exemplo, nas construções /flaˈmẽgʊ/ e /fraˈmẽgʊ/. Você conseguiria representá-las em uma rede taxonômica análoga à da Figura 94?

REPRESENTAÇÃO DA VARIAÇÃO MORFOLÓGICA

Considere as frases abaixo.

(1)   Ele está cansadérrimo / arrumadérrimo / bonitérrimo.
(2)   Ele está cansadaço / arrumadaço / bonitaço.

Em (1), temos as formas de superlativo "cansadérrimo", "felizérrimo" e "bonitérrimo", que exibem o sufixo -érrimo. Em (2), temos as formas "cansadaço", "felizaço" e "bonitaço", que incluem o sufixo -aço. O linguista Carlos Alexandre Gonçalves levantou a hipótese de que o primeiro sufixo estaria associado tipicamente à fala feminina/gay, ao passo que o segundo estaria vinculado a uma identidade masculina (Gonçalves, 2002).[26] Supondo que essa hipótese esteja correta, como esses conhecimentos podem ser representados na rede construcional?

Os adjetivos em (1) nos permitem postular a construção morfológica de superlativo <Radical(Adj.) + érrimo>. Isso significa que a primeira parte da construção é constituída por um *slot* aberto, que deve ser preenchido pelo radical de um adjetivo, ao passo que sua segunda parte é constituída pelo sufixo -érrimo. Os adjetivos em (2), de forma bastante semelhante, nos permitem postular a construção morfológica de superlativo <Radical(Adj.) + aço>. A Figura 95 oferece uma representação dessas construções:

Figura 95 – representação das construções <Rad.(Adj.) + érrimo> e <Rad.(Adj.) + aço>

FORMA		FORMA	
Fonologia **Morfoss.**	$/A_1 + {}'\varepsilon himo_2/_3$ $[Rad.(Adj)_1\ SFX_2]_{ADJ3}$ ⬆	**Fonologia** **Morfoss.**	$/A_1 + {}'aso_2/_3$ $[Rad.(Adj)_1\ SFX_2]_{ADJ3}$ ⬆
SIGNIFICADO **Semântica**	⬇ 'GRAU ELEVADO$_2$ DE UMA PROPRIEDADE$_1$'	SIGNIFICADO **Semântica**	⬇ 'GRAU ELEVADO$_2$ DE UMA PROPRIEDADE$_1$'
Pragmática	'IDENTIDADE FEMININA/GAY'$_2$	**Pragmática**	'IDENTIDADE MASCULINA$_2$'
Sem/Prag	'GRAU ELEVADO DE UMA PROPRIE- DADE EXPRESSO POR ENUNCIADOR QUE PROJETA IDEN- TIDADE FEMININA/ GAY'$_3$	**Sem/Prag**	'GRAU ELEVADO DE UMA PROPRIEDADE EXPRESSO POR ENUNCIADOR QUE PROJETA IDENTI- DADE MASCULINA'$_3$

Na construção com -érrimo, temos uma forma fonológica variável A que corresponde, morfossintaticamente, ao radical de um Adjetivo e, semanticamente, a uma propriedade (como mostra o índice 1). Na sequência, temos a forma fonológica fixa /'ɛhimo/, que funciona, morfossintaticamente, como um sufixo. Essa forma expressa, semanticamente, a ideia de grau elevado e marca, pragmaticamente, uma identidade caracteristicamente feminina ou gay (como indicado pelo índice 2). Por fim, a forma fonológica completa corresponde, morfossintaticamente, a um Adjetivo e carrega a ideia de GRAU ELEVADO DE UMA PROPRIEDADE EXPRESSO POR ENUNCIADOR QUE PROJETA IDENTIDADE FEMININA/ GAY (como indicado pelo índice 3).

A interpretação da construção com -aço é muito semelhante. Também aqui temos uma forma fonológica inespecífica, representada como A, que funciona, morfossintaticamente, como radical e expressa, semanticamente, uma propriedade (como indicado pelo 1 subscrito). Ela é seguida pela forma fonológica fixa /'aso/, que expressa semanticamente GRAU ELEVADO e projeta, pragmaticamente, uma identidade masculina (como indicado pelo 2 subscrito). Além disso, a forma fonológica completa, que é morfossintaticamente um Adjetivo, carrega ideia de GRAU ELEVADO DE UMA PROPRIEDADE EXPRESSO POR ENUNCIADOR QUE PROJETA IDENTIDADE MASCULINA (conforme indicado pelo índice 3).

Temos, então, duas construções morfológicas em variação: embora ambas expressem intensidade (GRAU ELEVADO DE UMA PROPRIEDADE), elas se distinguem, em termos pragmáticos, quanto à identidade que projetam para o interlocutor.

Como você já sabe, o armazenamento dessas duas construções levará à emergência de um esquema mais abstrato, que captura tudo o que as construções mais concretas têm em comum. Abaixo, vemos a rede que inclui essas três construções:

Figura 96 – rede construcional com as construções <Rad.(Adj.) + érrimo>, <Rad.(Adj.) + aço> e <Rad.(Adj.) + sufixo intensificador>

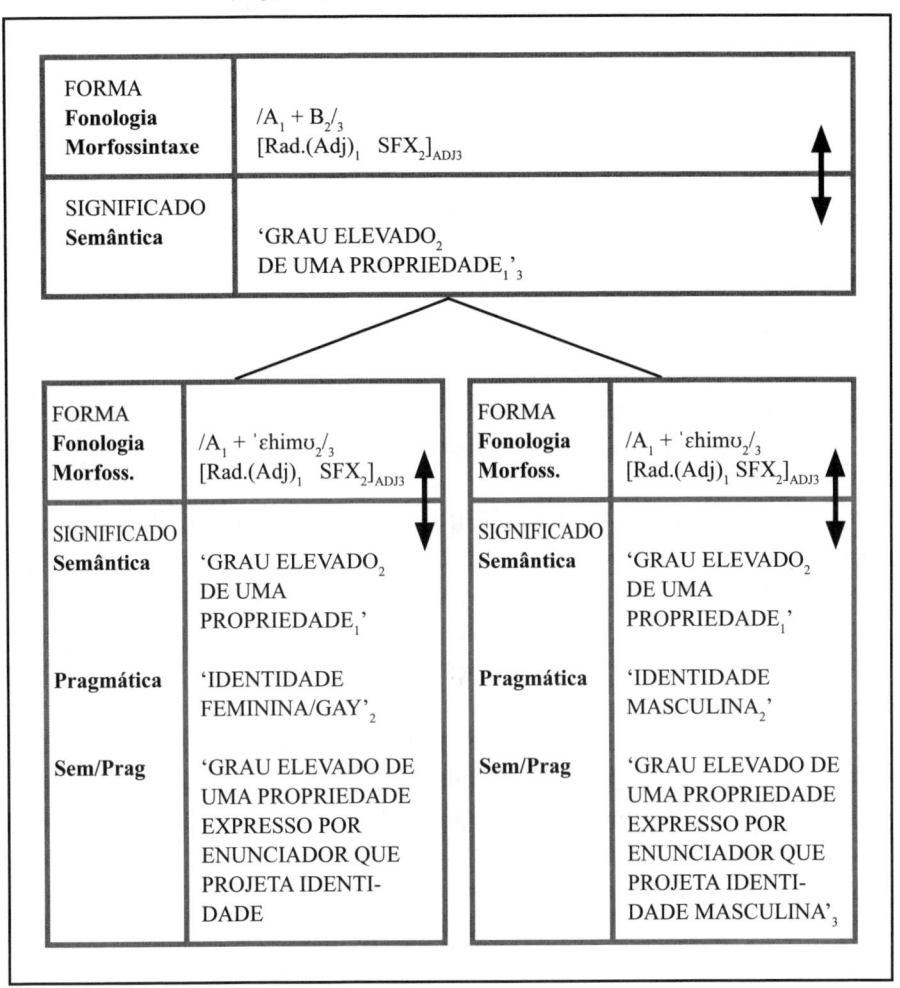

Note, uma vez mais, que a construção superordenada captura apenas aquilo que é comum às construções que lhe são subordinadas. Como você pode ver, as construções preenchidas têm em comum a estrutura mórfica (radical + sufixo) e o significado semântico (GRAU ELEVADO DE UMA PROPRIEDADE), mas não o preenchimento fonológico e o significado pragmático. Logo, estas duas últimas informações simplesmente estarão ausentes do esquema superordenado.

Como você pode notar, a representação da variável morfológica é essencialmente idêntica à da variação sonora. Afinal, em ambos os casos, tanto as especificidades (isto é, as propriedades particulares a cada variante) quanto as generalizações (isto é, as propriedades comuns às diferentes variantes) estão diretamente representadas na rede construcional.

REPRESENTAÇÃO DA VARIAÇÃO SINTÁTICA

São bastante conhecidas as diferentes estratégias de relativização do português brasileiro. Vejamos abaixo exemplos de duas delas: a relativa padrão, ilustrada em (3), e a relativa copiadora, ilustrada em (4).

(3)   a. o livro de que eu gosto
        b. o ônibus de que eu dependo
(4)   a. o livro que eu gosto dele
        b. o ônibus que eu dependo dele

Em ambos os casos, temos um nome ("livro", "ônibus") seguido de uma oração relativa. Na relativa padrão, a preposição requerida pelo verbo da oração está posicionada antes do pronome relativo, como exige a tradição normativa. Na variante copiadora, diferentemente, o antecedente do pronome ("livro", "ônibus") é retomado, na oração relativa, sob a forma de um pronome cópia ("ele").

Estamos aqui, portanto, diante de um caso de variação sintática. Como você já sabe, isso significa que, para cada variante, devemos ter uma construção gramatical distinta. Vamos, então, representar a Construção Relativa Padrão Preposicionada e a Construção Relativa Copiadora.

Figura 97 – representação da Construção Relativa Padrão Preposicionada (à esquerda)
e da Construção Relativa Copiadora (à direita)

FORMA			FORMA		
Fonologia	$/A_1+/B_2+C_3+D_4/_5/_6$	↑	**Fonologia**	$/A_1+/B_2+C_3+D_4/_5/_6$	↑
Morfoss.	$[N_{1i}[PREP_2PR_3V_4]_{OR5}]_{SN6}$		**Morfoss.**	$[N_{1i}[PR_2V_3PRO_{4i}]_{OR5}]_{SN6}$	
SIGNIFICADO		↕	SIGNIFICADO		↕
Semântica	REFERÊNCIA$_6$ a ENTIDADE$_1$ que tem determinada PROPRIEDADE$_5$		**Semântica**	REFERÊNCIA$_6$ a ENTIDADE$_1$ que tem determinada PROPRIEDADE$_5$	
Pragmática	FALANTE SOCIALMENTE PRESTIGIADO$_2$		**Pragmática**	FALANTE SOCIALMENTE ESTIGMATIZADO$_4$	
Sem/Prag	'REFERÊNCIA$_6$ a ENTIDADE$_1$ que tem determinada PROPRIEDADE$_5$ feita por FALANTE SOCIALMENTE PRESTIGIADO$_2$'$_6$		**Sem/Prag**	'REFERÊNCIA$_6$ a ENTIDADE$_1$ que tem determinada PROPRIEDADE$_5$ feita por FALANTE SOCIALMENTE ESTIGMATIZADO$_4$'$_6$	

Estas são talvez as representações mais complexas que já apareceram neste livro; então, vamos destrinchá-las com calma. Comecemos pelo nível morfossintático: ele mostra que, em ambos os casos, temos um Nome (N) seguido de uma Oração Relativa (OR), e que o todo (N + OR) é um Sintagma Nominal (SN). Além disso, vemos que, nos dois casos, a OR contém um Pronome Relativo (PR) e um Verbo (V).

A partir daí, as diferenças começam a aparecer. Na Construção Padrão, a OR inclui uma Preposição (PREP) antes do Pronome Relativo, o que não se verifica na Construção Copiadora. Nesta, por outro lado, há um pronome cópia (PRO), que não aparece na Construção Padrão. E aqui há uma novidade: um índice subscrito "i" tanto no PRO quanto no N (o antecedente do relativo), indicando que eles são correferenciais (isto é, referem-se à mesma entidade).

Nossa atenção, porém, deve recair sobre a conexão entre o polo da forma e o polo do significado. Veja que, em ambos os casos, o elemento fonológico A, que corresponde a um Nome, denota uma Entidade, ao passo que o bloco formado pelos elementos B, C e D, que corresponde morfossintaticamente a uma OR, expressa uma PROPRIEDADE (como mostra o índice 5). Além disso, a sequência fonológica completa, que morfossintaticamente é um SN (como mostra o índice 6 nos dois casos), realiza semanticamente a função de REFERÊNCIA.

Com isso, chegamos finalmente à parte que mais nos interessa aqui: a especificação das informações pragmáticas. Alguns pesquisadores têm sugerido que as relativas copiadoras seriam socialmente estigmatizadas (Tarallo, 1983; Mollica, 2003),[27] ao passo que as relativas-padrão, por consistirem na estratégia prescrita pela norma escolar, parecem estar associadas a maior prestígio social. Assumindo-se que essa hipótese seja verdadeira, especificamos essas informações no polo do significado das nossas construções (especificamente, no nível pragmático). Assim, enquanto a Construção Padrão exibe a informação FALANTE SOCIALMENTE PRESTIGIADO, a Construção Copiadora exibe a informação FALANTE SOCIALMENTE ESTIGMATIZADO.

Note, interessantemente, que essas informações estão vinculadas às suas respectivas marcas formais. Assim, na Construção Padrão, a informação FALANTE SOCIALMENTE PRESTIGIADO está atrelada, por meio do índice 2, à preposição. De forma análoga, na Construção Copiadora, a informação FALANTE SOCIALMENTE ESTIGMATIZADO, está atrelada, por meio do índice 4, ao pronome cópia.

Se é verdade que essas duas construções de relativização são distintas (tanto sintática quanto pragmaticamente), também é inegável que elas têm semelhanças notáveis: sintaticamente, ambas incluem um Nome modificado por uma oração relativa; semanticamente, ambas servem para fazer referência a uma entidade à qual se atribui uma determinada propriedade. E, como você já sabe, o falante é capaz de reconhecer essas semelhanças – o que leva à emergência de uma construção superordenada. Vejamos:

Figura 98 – rede construcional com a Construção Relativa Padrão Preposicionada,
a Construção Relativa Copiadora e a Construção Relativa

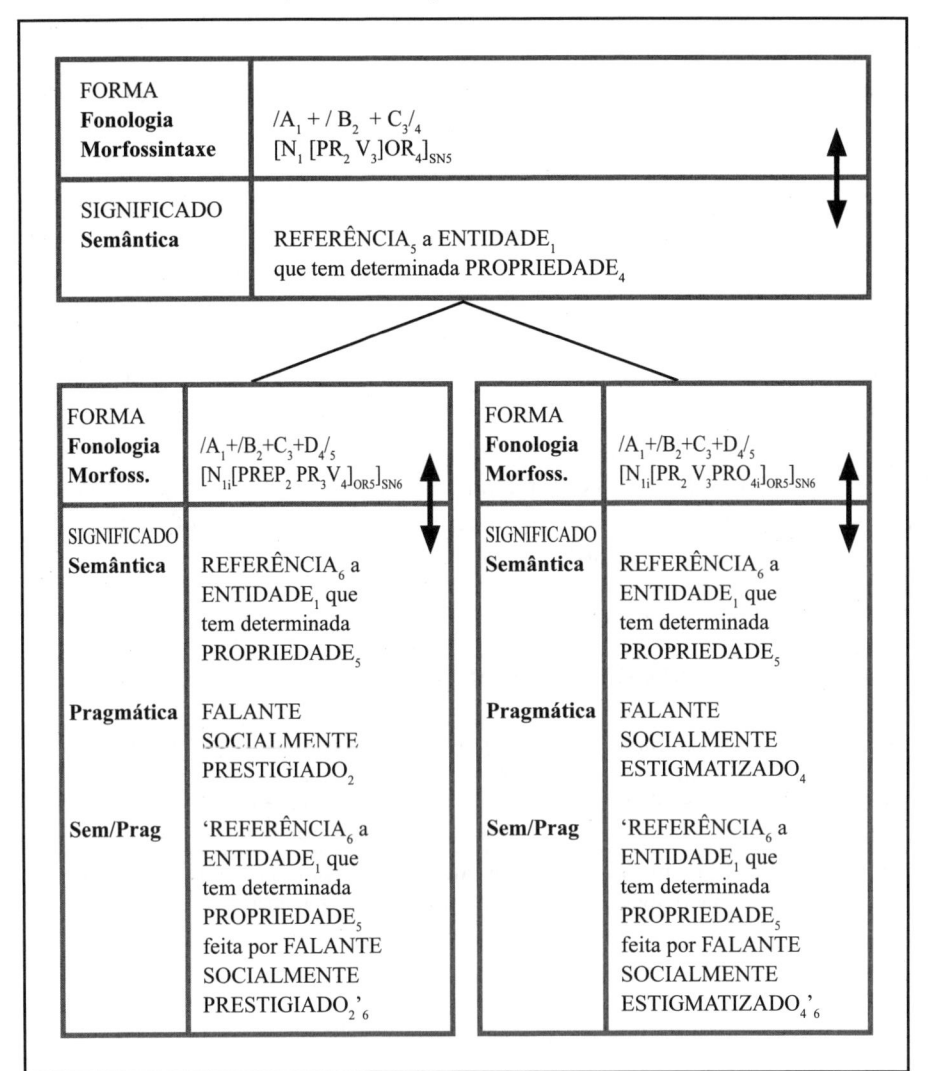

A construção superordenada – que estamos chamando, muito simplesmente, de Construção Relativa – captura o que todas as orações relativas
têm em comum: essencialmente uma forma sintática em que uma oração
relativa modifica um núcleo nominal e uma função semântica de atribuição
de propriedade a uma entidade. Importante aqui é notar que, diferentemente das construções subordinadas, esse esquema mais alto *não* especifica:
(i) presença ou ausência de preposição antes do relativo; (ii) presença ou

ausência de pronome cópia; e (iii) qualquer informação pragmática sobre a identidade do falante.

JUNTANDO TUDO: VARIAÇÃO LINGUÍSTICA EM GCBU

Ao longo deste capítulo, você viu que a GCBU é capaz de lidar, de forma bastante natural, com a variação linguística. Com efeito, se compararmos as Figuras 94, 96 e 98, identificaremos um formato comum para a representação de fenômenos variáveis no *constructicon*, independentemente do "nível de análise".

A título de síntese, podemos caracterizar esse formato geral da seguinte maneira: (i) cada variante corresponde a uma construção independente de nível mais baixo; e (ii) a variável – entendida como o "lugar na gramática em que se localiza a variação" (Coelho et al., 2017: 17) – corresponde a uma construção de nível mais alto, ligada taxonomicamente às construções mais concretas. O quadro a seguir sintetiza essa ideia, discriminando, apenas para fins didáticos, os três níveis de análise abordados aqui.

Quadro 3 – tratamento da variação linguística na GCBU

NÍVEIS DE ANALÍSE	VARIANTES	EXEMPLOS	VARIÁVEL	EXEMPLO
Fonológico	Construções lexicais preenchidas	<fɛʃtə> *versus* <fɛstə>	Construção lexical superordenada (mais abstrata)	<fɛStə>
Morfológico	Construções morfológicas semipreenchidas	<Rad.(Adj.) + érrimo> *versus* <Rad.(Adj.) + aço>	Construção morfológica superordenada (mais abstrata)	<Rad.(Adj) + SFX>
Sintático	Construções sintáticas semipreenchidas	Const. Relativa Padrão Prep. *versus* Const. Relativa Copiadora	Construção sintática superordenada (mais abstrata)	Construção Relativa

SÍNTESE DO CAPÍTULO

1. A GCBU assume que o conhecimento linguístico tem organização taxonômica, com as informações sendo representadas em múltiplos níveis de generalidade/especificidade. Isso a torna apropriada para incorporar a variação linguística.

2. Na GCBU, quando se está diante de um fenômeno de variação, cada variante deve ser tratada como uma construção distinta. Todas essas construções estão relacionadas por *links* horizontais.

3. Ao mesmo tempo, essas construções permitem a emergência de uma construção superordenada, que captura apenas aquilo que as diferentes variantes/construções subordinadas têm em comum.

4. Quando a variação está associada a condicionadores extralinguísticos, esses condicionadores devem ser tratados como informações pragmáticas diretamente especificadas nas construções mais baixas (e ausentes da construção superordenada).

Glossário

Chunking: **processo cognitivo de domínio geral** por meio do qual um conjunto de elementos independentes passa a ser armazenado como um bloco único.

Coerção: fenômeno que pode ocorrer durante o processo de **integração** entre um item e uma construção mais aberta quando estes apresentam traços incompatíveis; na coerção, o item tem suas propriedades modificadas para se acomodar à construção mais aberta, o que assegura a compatibilidade entre eles e permite que a integração aconteça.

Combinação de construções: ver *Integração entre construções*.

Construção gramatical: unidade linguística bipolar que combina informações de forma e informações de significado; em uma construção gramatical, os polos da forma e do significado estabelecem entre si uma **relação simbólica**.

Construção não preenchida: construção gramatical cujo polo da forma é composto exclusivamente de *slots* abertos (ou posições vazias), sem a presença de qualquer informação fonológica segmental. Ex.: <SUJ + V + OD + OI>.

Construção preenchida: construção gramatical cujo polo da forma é composto exclusivamente de segmentos sonoros, sem a presença de *slots* abertos (ou posições vazias). Ex.: <copo>, <Deus ajuda quem cedo madruga>.

Construção semipreenchida: construção gramatical cujo polo da forma combina informações fonológicas segmentais com *slots* abertos (ou posições vazias). Ex.: <re + Verbo>.

Construção subordinada: em uma **rede construcional** com **estrutura hierárquica**, é a construção mais específica, que funciona como membro da categoria definida pela construção mais geral (superordenada).

Construção superordenada: em uma **rede construcional** com **estrutura hierárquica**, é a construção mais geral, que define uma categoria da qual a construção mais específica (subordinada) será um membro.

Construto: sequências concretas efetivamente enunciadas em uma situação comunicativa específica e geradas por meio do processo de **integração entre construções**.

Constructicon: conjunto de todas as construções gramaticais conhecidas por um dado falante; para a GC, o conhecimento linguístico é um *constructicon*.

Enraizamento: medida do grau de fixação de uma construção na mente do falante (por exemplo, diz-se que representações muito robustas na memória do falante têm alto grau de enraizamento); está associado à acessibilidade cognitiva e facilidade de recuperação (quanto maior o grau de enraizamento de uma construção, mais cognitivamente acessível ela estará).

Esquematização: processo cognitivo de domínio geral por meio do qual representações abstratas são formadas a partir de elementos concretos.

Estrutura hierárquica: tipo de organização própria da **rede construcional**; essa expressão captura a ideia de que a rede comporta múltiplos níveis de representação (incluindo, portanto, **construções superordenadas** e **construções subordinadas**).

Frequência de coocorrência: quantidade de vezes com que dois elementos coocorrem (isto é, ocorrem juntos) em determinada amostra. Ex.: quantidade de vezes que as palavras "redondamente" e "enganado" aparecem contíguas em um determinado *corpus*.

Frequência de ocorrência: quantidade de vezes que determinado elemento ocorre em determinada amostra. Ex.: quantidade de vezes que a construção < re + Verbo> ocorre em determinado *corpus*; quantidade de vezes que a construção <pato> ocorreu em toda a experiência linguística de determinado falante.

Frequência de tipo: quantidade de itens abarcados por um dado *slot* construcional. Ex.: quantidade de verbos individuais que ocorrem no *slot* verbal da construção <re + Verbo>.

Herança: termo usado para fazer referência à ideia de que, em uma **rede construcional, construções subordinadas** podem importar (ou herdar) propriedades de **construções superordenadas.**

Integração entre construções: processo de combinação ou fusão entre duas ou mais construções presentes no *constructicon*; tem como resultado a formação de sequências linguísticas concretas (ou **construtos**).

Link **horizontal:** objeto existente na **rede construcional** que representa o reconhecimento de algum tipo de similaridade (ligada ao polo da forma, do significado ou a ambos simultaneamente) entre duas construções.

Link **sequencial:** objeto existente na **rede construcional** que representa o reconhecimento de uma relação linear entre dois componentes do polo formal de uma dada construção. Ex.: na construção <mares>, há um *link* sequencial entre a raiz "mar" e o morfema "-es".

Link **simbólico:** objeto presente no interior de uma **construção gramatical** que representa a existência de uma **relação simbólica** entre o polo da forma e o polo do significado.

Link **taxonômico:** objeto existente na **rede construcional** que representa a existência de uma **relação taxonômica** entre duas ou mais construções.

Link **vertical:** ver *Link taxonômico*.

Organização taxonômica: tipo de organização própria do *constructicon*, em que algumas construções (mais gerais) funcionam como *categorias* e outras (mais específicas) funcionam como *membros dessa categoria*; essa expressão captura a ideia de que o *constructicon* é um esquema classificatório.

Processos cognitivos de domínio geral: processos mentais não específicos à cognição linguística; para a Gramática de Construções Baseada no Uso, a estrutura e o funcionamento do conhecimento linguístico podem ser explicados por meio de processos cognitivos de domínio geral.

Rede construcional: conjunto de todas as construções gramaticais conhecidas pelo falante; refere-se à mesma entidade que a palavra *"constructicon"*, mas deixa explícito que, nesse inventário, as construções estão conectadas umas às outras.

Relação simbólica: tipo de relação que se estabelece entre o polo da forma e o polo do significado de uma construção gramatical; nela, o polo da forma contém as informações que *simbolizam* uma ideia, e o polo do significado inclui a ideia que *é simbolizada* pelas informações formais.

Relação taxonômica: tipo de relação que se estabelece entre uma construção mais geral e uma construção mais específica; é uma relação de inclusão/pertencimento categorial na qual a construção mais geral funciona como uma categoria, e as construções mais específicas funcionam como membros dessa categoria.

Variabilidade semântica: grau de dissimilaridade semântica entre os elementos associados a um dado *slot* construcional.

Notas

[1] Sempre que estivermos tratando de uma construção gramatical, representaremos o seu som entre barras inclinadas, como tipicamente se faz quando se trata do nível fonológico. Apesar disso, a representação apresentada será estritamente fonética (para isso, vamos sempre adotar, arbitrariamente, uma das pronúncias possíveis na fala carioca, salvo indicação em contrário). Essa aparente contradição será justificada no capítulo "Variação linguística", quando tratarmos da questão da variação sonora. Nos casos em que estivermos nos referindo à enunciação efetiva de um som (e não à representação da construção na mente do falante), usaremos colchetes, conforme a prática convencional.

[2] Ao longo deste livro, todas as formulações empregadas para capturar o significado de palavras do português serão adaptações de definições presentes no dicionário Michaelis on-line (https://michaelis.uol.com.br). Essas formulações estarão sempre em fonte versalete ("*small capitals*").

[3] A exceção ficará por conta dos casos em que precisarmos diferenciar duas construções quanto ao seu som. Isso acontecerá no capítulo "Variação linguística".

[4] Isso equivale a dizer que estamos aqui diante do *lexema* CHUTAR, e não da *palavra* "chutar". A distinção entre as noções de palavra e lexema é importante em várias teorias linguísticas: palavras são itens concretos, cada qual com sua flexão ("chutar", "chutando", "chutaríamos", etc), enquanto lexemas são unidades abstratas, que englobam um conjunto de itens com a mesma raiz. Assim, podemos usar a forma CHUTAR, em letras maiúsculas, para fazer referência ao lexema que engloba palavras como "chutar", "chutando" e "chutaríamos". Na Figura 11, então, estamos usando um *lexema*, e não uma palavra, para especificar uma informação presente no polo formal de uma construção.

[5] Esta proposta se baseia no estudo de Moraes (2008) sobre os padrões entoacionais de diferentes tipos de sentença no português brasileiro.

[6] O tipo de representação a ser apresentado aqui segue de perto o de Hoffmann (2022), que, por sua vez, se inspira na abordagem desenvolvida por Jackendoff e Audring (2020).

[7] Tradicionalmente, considera-se que a semântica lida com significados estáveis (independentes da situação comunicativa), ao passo que a pragmática lidaria com significados variáveis (dependentes de situações comunicativas particulares) – ver, por exemplo, Pinheiro, Biar e Mousinho (2022). Esta, porém, NÃO é a distinção que a GC está assumindo quando afirma

que o polo do significado de uma construção gramatical pode conter tanto informações semânticas quanto informações pragmáticas.

[8] Esse uso do termo "situação" (no original em inglês, "*situation*") aparece, por exemplo, no manual de semântica de John Saeed (2005).

[9] Você pode ler mais sobre esse assunto no livro *Para conhecer semântica* (Gomes; Mendes, 2005).

[10] Em português, você pode ler sobre essa teoria nos livros *Pragmática: significado, comunicação e dinâmica contextual* (Ferreira, 2023) e *Manual de semântica* (Cançado, 2012).

[11] Aqui, estamos apresentando a Teoria dos Atos de Fala de forma bastante simplificada – afinal, o objetivo é apenas mostrar de que maneira seus conceitos podem ser incorporados à GC. Para conhecer mais a fundo essa teoria, recomendamos a leitura das obras citadas ao longo deste livro. Em português, você pode ler mais sobre essa teoria nos livros *Pragmática: significado, comunicação e dinâmica contextual* (Ferreira, 2023) e *Para conhecer pragmática* (Souza; Pagani, 2022).

[12] Para saber mais sobre a categoria de foco, leia o capítulo 8 do livro *Pragmática: significado, comunicação e dinâmica contextual* (Ferreira, 2023).

[13] Os nomes e as definições dos papéis temáticos variam enormemente de um autor para outro. Aqui, estamos usando os termos "paciente", "tema" e "objeto estativo" da maneira como eles são definidos em Cançado (2012). O termo *effectum* foi usado por Fillmore (1968).

[14] Não há consenso na literatura em relação à lista de *links* que compõem uma rede construcional. O tratamento apresentado aqui guarda semelhanças com a proposta de Diessel (2023, 2019), embora não seja idêntico a ela. Para uma apresentação dessa proposta em português, ver Leite de Oliveira e Alonso (2024). Para uma apresentação em português da proposta (mais antiga) de Goldberg (1995), ver Ferrari (2011).

[15] Esta análise, apresentada aqui apenas para fins de exemplificação, é uma adaptação do tratamento de Croft (2012) para as construções bitransitivas do inglês.

[16] "Enraizamento" e "entricheiramento" são duas traduções possíveis para a palavra inglesa "*entrenchment*".

[17] No passado, costumava-se assumir (sem muita reflexão) que um construto precisava alcançar um certo número de repetições na experiência do falante para ser armazenado como construção (ver, por exemplo, Goldberg, 2006). Hoje, está claro que isso não faz sentido: uma sequência pode ser armazenada na memória (sob a forma, portanto, de uma nova construção gramatical) após uma única exposição. Sobre esse ponto, ver Gurevich, Johnson e Goldberg (2010), Capelle et al. (2025) e Goldberg (2019).

[18] Para não complicar desnecessariamente a representação, estou abstraindo aqui a frequência de ocorrência, e consequentemente o grau de enraizamento, das palavras individuais "redondamente", "enganado" e "errado".

[19] Foi excluído um dado de texto literário ("redondamente morta") que parece refletir um uso não convencional, com intenção estilística. Foram excluídos também usos em que o advérbio não parece funcionar como intensificador.

[20] Na versão gratuita do *Corpus* do Português, o limite de resultados é mil, e uma busca pelo padrão "muito + ADJETIVO" retornou, precisamente, mil resultados – o que provavelmente significa que existem ainda mais itens, que não foram mostrados. Por outro lado, há itens que não são de fato adjetivos e que seriam excluídos em uma revisão manual cuidadosa (por exemplo, "muito obrigado"). E, por fim, cada flexão de uma dada palavra é contada como um item diferente (por exemplo, "bom" e "bons"), de maneira que seria necessário tratá-las como um único item para fins de contabilização.

[21] Essa análise está incompleta porque, a rigor, apenas adjetivos graduáveis podem entrar nessa construção (não podemos falar "ataque muito cardíaco" ou "deputado muito federal"), assim como na construção com "redondamente". Logo, se quiséssemos uma análise mais completa, seria necessário especificar, nos *slots* adjetivais de ambas as construções, a informação semântica graduável.

[22] Caso queira ler sobre assunto, você pode começar pela unidade 2 do livro *Curso básico de linguística gerativa* (Kenedy, 2013).

[23] Para uma apresentação, em português, de diversos processos cognitivos de domínio geral e sua aplicação ao domínio linguístico, ver Leite de Oliveira e Alonso (2024).

[24] Naturalmente, o "r retroflexo" não é exclusivo do interior paulista. Neste ponto, você deve se lembrar de que o *constructicon* é individual, de modo que as informações especificadas na mente de um dado falante dependem das suas experiências particulares. Se determinado indivíduo tiver passado pela experiência de ouvir o "r retroflexo" no interior de São Paulo e em parte do sul de Minas Gerais, por exemplo, esse falante poderá ter, especificada na sua construção /maɹ/, a informação falante do interior paulista ou do sul de minas.

[25] Em conformidade com o que foi anunciado no capítulo "Visão geral da Gramática de Construções", estamos usando barras inclinadas para indicar representações mentais e colchetes para fazer referência a realizações concretas (isto é, construtos). Por essa razão, não é um erro "mesclar" fonética e fonologia – por exemplo, usando o símbolo ə, tradicionalmente empregado para representações fonéticas, entre barras inclinadas. Essa "mistura" decorre simplesmente da suposição de que o falante armazena na memória representações lexicais que incluem esse som.

[26] A rigor, o estudo focaliza, entre os sufixos, os morfemas de superlativo, como -íssimo, -ésimo e -érrimo. A observação acerca do sufixo -aço é feita apenas nas considerações finais, a título de especulação.

[27] É possível que essa suposição seja falsa: Santos e Yacovenco (2022), em estudo de avaliação das orações relativas, não encontraram associação entre as relativas copiadoras e estigma social. De qualquer maneira, essa hipótese nos será útil para ilustrar, na prática, o tratamento da variação sintática na GCBU.

Referências

BARDDAL, J. *Productivity*: Evidence from Case and Argument Structure in Icelandic. Amsterdam: John Benjamins, 2008.

BROWN, P.; LEVINSON, S.C. *Politeness*: Some Universals in Language Use. Cambridge: University Press, 1987.

BYBEE, J. *Language, Usage and Cognition*. Cambridge: University Press, 2010.

BYBEE, J. *Phonology and Language Use*. Cambridge: University Press, 2001.

CANÇADO, M. *Manual de semântica*. São Paulo: Contexto, 2012.

CAPELLE, B. et al. Construction. In: WEN, X.; SINHA, C. (Eds.) *The Cambridge Encyclopaedia of Cognitive Linguistics*. Cambridge: University Press, [no prelo] (2025).

CHASE, W. G.; SIMON, H. A. Perception in chess. *Cognitive Psychology*, v. 4, n. 1, 1973.

COELHO, I. L. et al. *Para conhecer Sociolinguística*. São Paulo: Contexto, 2017.

CROFT, W. *Verbs:* Aspect and Causal Structure. Oxford: University Press, 2012.

DEWAR, K. M; XU, F. Induction, Overhypothesis, and the Origin of Abstract Knowledge. Evidence from 9-month-old Infants. *Psychologigal Science*, v. 21, n. 12, 2010.

DIESSEL, H. *The Grammar Network:* How Linguistic Structure is Shaped by Language Use. Cambridge: University Press, 2019.

_____. *The Constructicon*. Cambridge: University Press, 2023.

DIVJAK, D.; CALDWELL-HARRIS, C. L. Frequency and Entrenchment. In: DABROWSKA, E.; DIVJAK, D. (Eds.) *Cognitive Linguistics – Foundations of language*. Berlim: Mouton de Gruyter, 2019.

FERRARI, L *Introdução à linguística cognitiva*. São Paulo: Contexto, 2011.

FERREIRA, M. *Pragmática*: significado, comunicação e dinâmica contextual. São Paulo: Contexto, 2023.

FILLMORE, C. J. The Case for Case In: BACH, E.; HARMS, R.T. (Eds.). *Universals in Linguistic Theory.* London: Holt, Rinehart and Winston, 1968.

FIORIN, J. L.; FLORES, V. N.; BARBISAN, L. B. (Orgs.) *Saussure*: a invenção da Linguística. São Paulo: Contexto, 2019.

FRANÇA, A. I.; FERRARI, L.; MAIA, M. *A linguística no século XXI*: convergências e divergências no estudo da linguagem. São Paulo: Contexto, 2016.

GICK, M. L.; HOLYOAK, K. J. Analogical Problem Solving. *Cognitive Psychology*, 12, 1980.

GOBET, F.; LANE, P. C. R. Chunking Mechanisms and Learning. In: SEEL, N. M. (Ed.). *Encyclopedia of the Sciences of Learning.* New York: NY, Springer, 2012.

GOLDBERG, A. E. *Constructions*: A Construction Grammar Approach to Argument Structure. Chicago/Londres: The University of Chicago Press, 1995.

_____. *Constructions at Work*: The Nature of Generalization in Language. Oxford: University Press, 2006.

_____. Constructionist Approaches. In: HOFFMANN, T.; TROUSDALE, G. (Eds.). *The Oxford Handbook of Construction Grammar.* Oxford: University Press, 2013.

_____. *Explain me this*: Creativity, Competition, and the Partial Productivity of Constructions. Princeton: University Press, 2019.

GOMES, A. Q.; MENDES, L. S. *Para conhecer semântica.* São Paulo: Contexto, 2018.

GONÇALVES, C. A. Morfopragmática da intensificação sufixal em português. *Revista de Letras*, v. 1/2, n. 24, 2002.

GUREVICH, O.; JOHNSON, M. A.; GOLDBERG, A. E. Incidental Verbatim Memory for Language. *Language and Cognition*, v. 2., n. 1, 2010.

HOFFMANN, T. *Construction Grammar*: The Structure of English. Cambridge: University Press, 2022.

_____; TROUSDALE, G. *The Oxford Handbook of Construction Grammar.* Oxford: University Press, 2013.

JACKENDOFF, R. Constructions in the Paralell Architecture. In: HOFFMANN, T.; TROUSDALE, G. (Eds.). *The Oxford Handbook of Cobstruction Grammar.* Oxford: University Press, 2013.

_____; AUDRING, J. *The Texture of the Lexicon*: Relational Morphology and the Parallel Architecture. Oxford: University Press, 2020.

KENEDY, E. *Curso básico de linguística gerativa.* São Paulo: Contexto, 2013.

LEITE DE OLIVEIRA, D.; ALONSO, K. *Conhecimento em rede*: laços e entrelaços da língua em uso. São Paulo: Pimenta Cultural, 2024.

MEIRELLES, L.; CANÇADO, M. Análise semântica do prefixo re- em verbos do português brasileiro. *Revista da Abralin*, v. 13, n. 1, 2014.

MOLLICA, M. C. de M. Relativas em tempo real no português brasileiro contemporâneo. In: PAIVA, M. C.; DUARTE, M. E. L. (Orgs.) *Mudança linguística em tempo real.* Rio de Janeiro: Contra Capa, 2003.

MORAES, J. A. de. The Pitch Accents in Brazilian Portuguese: Analysis by Synthesis. 2008. Disponível em: https://www.isca-archive.org/speechprosody_2008/moraes08_speechprosody.pdf. Acesso em: 1º jun. 2024.

PINHEIRO, D.; BIAR, L.; MOUSINHO, R. Pragmática. In: FRANÇA, A. I. (Org.). *Linguística para fonoaudiologia*: interdisciplinaridade aplicada. São Paulo: Contexto, 2022.

_____; SOARES DA SILVA, A.; FREITAS JR, R. Gramática de construções baseada no uso. *Soletras*, n. 45, 2023.

SAEED, J. *Semantics*. London: Blackwell, 2005.

SANTOS, A. P.; YACOVENCO, L. C. Percepção e avaliação de orações relativas: um estudo piloto. *(Con)textos Linguísticos*, v. 16, n. 34, 2022.

SEARLE, J. A Classification of Illocutionary Acts. *Language in Society*, v. 5, n. 1, 1976.

_____; VANDERVEKEN, D. *Foundations of Illocutionary Logic*. Cambridge: University Press, 1985.

SOUZA, L. M. DE.; PAGANI, L. A. *Para conhecer pragmática*. São Paulo: Contexto, 2022.

SUTTLE, L.; GOLDBERG, A. E. The Partial Productivity of Constructions as Induction. *Linguistics*, v. 49, n. 6, 2011.

TARALLO, F. *Relativization Strategies in Brazilian Portuguese*. Philadelphia, 1983. Tese (PhD em Linguística) – University of Pennsylvania.

YULE, G. *Pragmatics*. Oxford: University Press, 1996.

O autor

Diogo Pinheiro é professor associado da Universidade Federal do Rio de Janeiro (UFRJ) e membro permanente do Programa de Pós-Graduação em Linguística da mesma instituição. Tem mestrado em Língua Portuguesa pela UFRJ, doutorado em Linguística pela UFRJ e pós-doutorado pela Universidade de Lancaster (Reino Unido). É um dos líderes do Grupo LinC (Laboratório de Linguística Cognitiva). Pela Contexto, é coautor dos livros *Sintaxe, sintaxes* e *Linguística para fonoaudiologia*, com os capítulos "Sintaxe construcionista" e "Pragmática" respectivamente.

CONCEITOS BÁSICOS
DE LINGUÍSTICA
NÍVEIS DE ANÁLISE

Elisa Battisti,
Gabriel Othero
e *Valdir do Nascimento Flores*

O terceiro volume de Conceitos básicos de linguística apresenta os diferentes níveis de análise linguística. A obra contempla áreas que investigam das menores unidades linguísticas (os fones, os fonemas, os traços fonológicos), passando por unidades intermediárias (as sílabas, os morfemas, as palavras, os sintagmas, as frases fonológicas, as sentenças), até domínios e unidades maiores (a situação de enunciação, o texto, o discurso). Cada capítulo foi preparado para ser lido tanto de forma autônoma como em diálogo com os demais, permitindo ao leitor – principalmente o aluno, mas também o professor ao montar suas aulas – traçar um caminho próprio de estudos e pesquisas.